Lorbeer
Literaturverlag

ISBN 978-3-938969-63-2

Jutta Gornik

alt

Lorbeer - Verlag
Bielefeld 2018

Inhaltsverzeichnis

Vorwort

Gewiss gibt es Themen, die auf den ersten Blick mehr hergeben als das Alter. Alles, was mit dem Menschen und seinem Altsein verbunden ist, erzeugt mehr Abwehr denn Interesse oder gar Fröhlichkeit. Alt möchte keiner sein. Und doch weiß jeder, dass am Ende eines normal vergehenden Lebens das Alter steht. Das ist nun einmal des Lebens Lauf. Alter ist eine Gesetzmäßigkeit. Ein Entrinnen gibt es nicht. Wieso also diese kollektive Furcht davor? Woher kommt sie? Wer oder was hat wann das Altsein derart stigmatisiert? Ich habe es nicht herausgefunden. Aber, dass die Furcht vor dem Alter landesweit vorhanden ist und Unbehagen bereitet.

Wer das Berufsleben hinter sich gelassen hat, geht üblicherweise in die letzte Phase seines Lebens. Langsam, aber unaufhaltsam. Er verliert dabei einiges, doch er gewinnt auch vieles. Wann sonst im Leben kann der Mensch über mehr persönliche Freiheiten und Freiräume verfügen, als im Alter? Wann kann er seine Tage derart eigenständig gestalten, als im Alter? Wann hat er mehr Muße, wann mehr Überblick?

Bei der Recherche zu diesem Buch – es entstand zwischen 2017 und Anfang 2018 – entdeckte ich erstaunliche Menschen, Zeitgenossen, die ihren Ruhestand keineswegs als einen beklagenswerten Ausklang sehen, sondern als einen lohnenswerten Aufbruch zu neuen Ufern.

Wie wunderbar wäre es, würde auch dem Menschen zukommen, was bei vielen Gegenständen selbstverständlich ist: Je älter sie werden, umso mehr steigt ihr Wert.

Es ist Samstag, der 28. Oktober 2017, zur besten Sendezeit um 20.15 Uhr. Auf RTL beginnt die 11. Staffel von „Das Supertalent". Die erste Kandidatin des Abends kommt auf die Bühne. Eine grazile Person im Kimono. Sie heiße Tomoko Okada, sagt sie, und dass sie einen Pole Dance zeigen wolle. Als sie den Kimono ablegt, kommt eine athletische Figur im knappen, roten Zweiteiler zum Vorschein. Das Publikum raunt und staunt. Und dann kommt es aus dem Staunen nicht mehr heraus. Wer die zierliche Japanerin mit derart eleganter Leichtigkeit performen sieht, mag sie auf Anfang 20 schätzen. Doch der Kameraschwenk auf ihr Gesicht offenbart: Anfang 20 ist sie schon lange nicht mehr. Sie sei 71 Jahre, berichtet sie nach dem Auftritt. Zuvor hätte sie als Opernsängerin gearbeitet. Nachdem sie diesen Beruf mit 62 Jahren aufgab, widmete sie sich täglich ihrem Hobby: dem Pole Dance. Jurorin Nazan Eckes fragt Tomoka, welches ihre Geheimnisse seien. Sie wolle auch mit 71 Jahren noch so aussehen. Für die Darbietung gibt es Standing Ovations und Anerkennung von der Jury. Ebenso war es ein Jahr zuvor in Italien gewesen, wo Tomoko Okada in der Sendung „Italia's Got Talent" bereits ihr Können präsentiert hatte. Ein Video davon im Netz wurde inzwischen mehr als eine Million Mal angeklickt. Tomoto Okada lebt seit einigen Jahrzehnten in Italien, wohin sie wegen ihres Studiums in jungen Jahren kam. Sie ist auch Pianistin und war in ihrer Zeit als Sängerin auch in der Frankfurter Oper und in München zu hören, wie ich in Erfahrung bringen kann. Vor allem aber ist sie eins: ein Beweis dafür, zu welchen beachtlichen Leistungen ein alter Körper fähig ist, wird er regelmäßig trainiert.

Damals – kein Gedanke an alt

„Hättest du dir damals vorstellen können, dass wir einmal so alt sein würden?“, fragte Sofia mich. Sie ist meine beste Freundin und auch meine älteste. Mit damals meinte sie die Zeit, als wir einander zum ersten Mal begegneten, obgleich wir schon seit Langem nur einen Steinwurf weit voneinander entfernt wohnten. Wir brachten damals unsere Söhne zum ersten Mal in den Kindergarten. Nicht einmal 30 Jahre waren wir alt. Jetzt werden wir im Abstand von nur wenigen Monaten 75 Jahre. „Das ist doch heute kein Alter mehr!“, sagte unlängst lässig ein Bekannter. Er ist knapp über 50 und meinte das, was er da leichthin sagte, absolut ernst. Er hat damit nicht unrecht, denn es gibt immer mehr 100-Jährige in unserem Land. Soweit mir bekannt, sind es mittlerweile mehr als 17.000. Tendenz steigend. Die Frauen haben, was eine hohe Lebenserwartung angeht, die Nase vorn.

Mein Vater wurde 92 Jahre. Ich vermute, er war über sein langes Leben aber am Ende nicht glücklich, sonst hätte er sich nicht so oft darüber beklagt, dass der liebe Gott wohl vergessen habe, ihn abzuholen. Er hörte nicht mehr gut, trotz Hörgerät, er sah nicht mehr gut, trotz Laseroperationen. Etliche Funktionen des Körpers waren nicht mehr, wie sie früher einmal waren und wie sie sein sollten. Mahlzeiten bereiteten ihm keinen Genuss, weil er kaum mehr etwas schmeckte. Er konnte nur noch kleinere Strecken zu Fuß zurücklegen, daran änderte auch die Unterstützung durch einen Gehstock nichts. Alle seine Lebensbegleiter ruhten bereits unter der Erde, was ihn bedrückte und einsam machte. Er versorgte sich dennoch – mit pflegerischer Unterstützung – bis zu seinem Tod selbst in seiner kleinen Wohnung, wie viele alte Menschen es in unserem Land gegenwärtig tun. Wir, seine beiden Kinder, wohnten Hunderte von Kilometern weit von ihm entfernt, hatten eine Familie und ein eigenes Leben, in dem wenig Platz und Zeit für ihn übrig blieb. Auch das ist heute millionenfach üblich. Als ich ihn einmal fragte, was er abends mache, antwortete er mir, er läge im Bett und schaue fern. „Kannst du das denn alles verstehen, was sie im Fernsehen sagen?“ Er schüttelte mit dem Kopf. „Ich gucke mir die bunten Bilder an.“ Manchmal ging er schon um sechs am Abend zu Bett. Oft schlief er dann vor dem laufenden Fernseher ein, dessen Lautstärke auf die höchste Stufe gestellt war. Da geschah es einmal, dass die beiden Frauen, die genau unter ihm wohnten und einen losen Kontakt mit ihm pflegten, sich wegen des nächtlichen Lärms aus seiner Wohnung um ihn sorgten. Vorsichtshalber riefen sie ihn an. Er meldete sich nicht, wahrscheinlich, weil er den Klingelton des Telefons nicht hörte. Nun begaben sich die Beiden in Nachtkleidung an seine Wohnungstür und schellten. Sie schellten viele Male. Doch es rührte sich nichts in der Wohnung. Sie klopften daraufhin heftig gegen die Wohnungstür. Es rührte sich weiterhin nichts im Inneren der Wohnung. Weil sie sich keinen anderen Rat wussten, riefen sie die Polizei um Hilfe. Die rückte an. Kräftige Männerhände donnerten jetzt an die Tür. Da, endlich, kam von innen eine aufgebrachte Stimme. „Wenn der Lärm nicht sofort aufhört, rufe ich die Polizei!“ Von draußen kam lapidar die Antwort: „Hier ist die Polizei! Öffnen Sie.“ Hörbar wurden daraufhin diverse Sicherheitsriegel und -schlösser an der Tür entsperrt, um den Polizisten Einlass zu gewähren.

Nachdem sich alle Hilfswilligen davon überzeugt hatten, dass meinem Vater nichts fehlte, rückten sie wieder ab und mein Vater verbarrikadierte sich erneut. Die nächtliche Aktion hatte viele Hausbewohner auf den Plan gerufen. Als ich von der Begebenheit erfuhr, konnte ich mir ein Lachen nicht verkneifen, doch meine Heiterkeit war mit Traurigkeit vermischt.
Umgehend wurde das in der Wohnung bestehende Haus-Notrufsystem erweitert. Mein Vater musste sich fortan pro Tag zweimal bei der Zentrale melden. Blieben diese Meldungen aus, wurde er angerufen und nach seinem Befinden gefragt.
Diese Geschichte verhalf mir dann frühzeitig zu einem solchen Notrufsystem in meiner Wohnung. Ich kann eine derart sinnvolle Anlage alten und älteren allein lebenden Menschen nur empfehlen. Die monatliche Gebühr dafür ist nicht hoch, besteht ein Pflegegrad, übernimmt die Pflegekasse die Hälfte der Kosten. Im Notfall ist schnell kompetente Hilfe zur Stelle, die, falls erforderlich, notwendige Maßnahmen einleitet, wie zum Beispiel das Herbeirufen eines Arztes.

Viele alte Menschen empfinden die Tage als eintönig. Was sollte auch groß passieren? Besucher werden selten. Es ist daher ein Segen, dass heutzutage eine hervorragende Verbindung in die Welt durch das Internet besteht. Immer mehr ältere und alte Semester sind in der Handhabung dieser modernen Technik erstaunlich firm und fix, und sie haben damit ein probates Mittel gegen Einsamkeit zu jeder gewünschten Tageszeit buchstäblich zur Hand. Dank zahlreicher Foren für Senioren im Netz gelingt es jedem Oldie, sich mit Gleichgesinnten nach Herzenslust auszutauschen, wann immer und wie lange er will. Kostenmäßig fällt die Anschaffung eines Rechners an, zusätzlich die monatliche Gebühr für den Internetanbieter, vielleicht auch noch ein Anfängerkursus am PC. Da aber nicht nur die Kinder, sondern vor allem die Enkelkinder im Web zu Hause sind und sich besonders mit sozialen Netzwerken auskennen, sollte es möglich sein, auch die Senioren Schritt für Schritt in die Geheimnisse der schönen, neuen Netzwelt einzuweihen und sie zu trainieren. Dabei ist es ratsam, dass sich die jungen Lehrmeister vergegenwärtigen, dass alte Menschen im Allgemeinen nicht mehr so schnell lernen und dass ihnen die digitale Welt nicht so geläufig ist wie jungen Menschen. Etwas Zeit und Geduld sind schon erforderlich, soll Oma oder Opa am Rechner fit gemacht werden. Ein Segen sind, dies muss ich unbedingt erwähnen, diverse Erleichterungen, die bei der Nutzung des Computers wie etwa die Möglichkeit, die Eingabegeschwindigkeit anzupassen oder die Schrift eines Textes zu vergrößern und somit dem Sehvermögen anzupassen. Und dies mit dem berühmten Klick.

Dass alte Menschen generell, wie vielfach behauptet wird, beizeiten zu Bett gehen, trifft nicht pauschal zu. Viele Alte, wie ich zum Beispiel, finden abends überhaupt nicht ins Bett. Ich geistere oft noch durch die Wohnung und krame herum, wenn rundherum die Lichter in allen Fenstern längst erloschen sind. Dafür komme ich morgens schwer und spät aus dem Bett. Das bringt mir Probleme, da der Tagesrhythmus der Allgemeinheit ganz anders getaktet ist als meiner. Wenn ich dann endlich so gegen elf bei meinem Frühstück sitze, quält mich manchmal mein Gewissen. Ich habe das Gefühl, durch mein langes Schlafen dem lieben Gott den Tag totzuschlagen, wie meine Mutter das genannt hätte. Aber eigentlich habe ich schon lange keine To-do-Liste mehr, die ich pünktlich abarbeiten müsste und die mich antreiben könnte. Das ist ein gar nicht hoch genug zu schätzender Vorteil des Ruhestands! Die wenigen Dinge, die ich zu erledigen habe oder erledigen zu müssen meine, erfordern nicht viel Zeit, so wie es vermutlich bei vielen alten Semestern ist. Deshalb sind die Tage alter Menschen nicht gerade abwechslungsreich. Es passiert in der Regel wenig. Und wenn dann plötzlich etwas passiert, nervt das. Auch in meinem alten Leben ereignet sich nicht mehr viel, was mich aus meinem Gleichmaß bringen oder was mein Interesse über Gebühr erwecken könnte. Während ich mit ansehe, wie meine Kinder fast pausenlos und daher atemlos durch ihr Leben hetzen, fällt mir hin und wieder schon einmal die Decke auf den Kopf. Anderen mag es auch so ergehen, und ich habe so eine Vermutung, dass dies ein Grund dafür sein könnte, warum ältere Menschen nicht ungern einen Arzt aufsuchen. Vor der ärztlichen Behandlung und Beratung ist in einem Wartezimmer nämlich mit Abwechslung und Ansprache zu rechnen, eine nicht zu unterschätzende Kurzweil.

„Lies doch!“, hatte meine Tochter mir als Zeitvertreib unlängst empfohlen. „Es gibt massenhaft Bücher, die dich mit Sicherheit interessieren würden.“ Recht hat sie, nur ist es so, dass umfangreiche Texte mein altes Gedächtnis über Gebühr strapazieren. Im Grunde muss ich mir nach Lesepausen den Text durch Wiederholen des bereits Gelesenen wieder in mein Gedächtnis rufen. Ein sehr mühsames Unterfangen, wie zumindest ich finde. Davon hat meine Tochter nicht die geringste Ahnung; ich hatte sie auch nicht, als meine Mutter in dem Alter war, in dem ich jetzt bin. Als ich seinerzeit feststellte, dass die lebenslang viel Lesende plötzlich nicht mehr las, konnte ich das überhaupt nicht verstehen. Ich habe es damals versäumt, sie nach dem Grund zu fragen. Heute kenne ich ihn. Von sich aus sprach meine Mutter mit mir nicht darüber. Sie erwähnte mir gegenüber überhaupt nicht, welche Probleme ihr das Alter brachte und welche Veränderungen. Körperliche wie seelische. Selbst heute, in unserer total aufgeklärten Zeit, werden die Nachwachsenden auf gar vieles vorbereitet und über Lebensabschnitte belehrt, nicht aber über das Altwerden und noch weniger über das Altsein. Und über das Sterben und den Tod will so gut wie niemand sprechen. Für mich gibt es keinen nachvollziehbaren Grund, warum Kinder zwar auf Veränderungen in ihrer Pubertät umfangreich und rechtzeitig hingewiesen werden, Menschen aber nicht auf die letzte Phase des Lebens, die, das dürfte keiner bestreiten, eine bedeutsame ist. Ganze Generationen haben sich über Erfahrungen während des Alters in Schweigen gehüllt, und es scheint, als wollten dies weitere Generationen so halten. Sterben ist, aus welchen Beweggründen auch immer, ein großes Tabu, obgleich doch jedes Kind weiß, dass es nach dem Alter, dem letzten Abschnitt eines Menschenlebens, unweigerlich kommt.

Die betagten Herrenfahrer

Als mein Vater bereits auf die 80 zuging, chauffierte er noch immer und regelmäßig sein Auto. Selbst Strecken über Hunderte von Kilometern zu irgendwelchen Urlaubsorten in den Bergen schreckten ihn nicht. Er fuhr aber niemals, wenn es regnete. Kein Mensch konnte ihn dazu bewegen. Seine Lebensgefährtin bestand hingegen eisern darauf, dass auf der Autobahn die Nadel des Tachometers keinesfalls die 120-Stundenkilometer-Markierung überschritt. Das mag andere Fahrer genervt haben. Viele Menschen sitzen im Alter noch hinter dem Steuer ihres Fahrzeuges. Überwiegend sind sie nach den vielen Jahren der Erfahrung routinierte Fahrer. Aber sie sind eben alt, und werden mit der Zeit deshalb nicht selten zu übermäßig vorsichtigen und langsamen Fahrern. Durch ihre Vorsicht behindern sie dann den meist mehr als zügigen Verkehrsstrom. Die immer eiligen Jüngeren können dafür kein Verständnis aufbringen. „80jährige sollten sich lieber fahren lassen", meinen auch Kinder. Ich finde, das ist nicht herzlos, da haben sie Recht. Ich halte im Übrigen eine regelmäßige Überprüfung der Verkehrstauglichkeit von einem gewissen Alter an für sinnvoll. In etlichen EU-Ländern ist das längst Pflicht. Das ist nicht diskriminierend und auch keine Schikane, sondern eine Sicherheitsmaßnahme, die allen Verkehrsteilnehmern dient.

Warum aber kutschieren Alte bei uns bis ins hohe Alter durch die Gegend? Keiner, der jung ist, vermag es sich vorzustellen, was es für einen Menschen bedeutet, seinen Führerschein abzugeben und damit ein großes Stück seiner Unabhängigkeit und Lebensqualität. Es bedeutet dies ferner einen Abschied von Komfort. Die

Möglichkeit, sich vor direkt dem eigenen Heim ins eigene Auto zu setzen und loszufahren, wann und wohin auch immer, kann keinesfalls gleichgesetzt werden mit der Mobilität mittels öffentlicher Verkehrsmittel. Wäre das nicht so, und zwar für alle Altersgruppen gleichermaßen, wir hätten womöglich leere Straßen.
Nicht über den Weg trauen den alten Fahrern die Autovermieter. Sie geben deshalb ihre Fahrzeuge nicht an alle Fahrer gleichermaßen ab. Das Alterslimit liegt in der Regel bei 75 Jahren, in einigen Ländern sogar darunter. Einige Autoverleiher verlangen zudem ab einem bestimmten Alter eine ärztliche Bescheinigung über die Fahrtauglichkeit. Ebenso ist es möglich, dass ein Nachweis der Versicherung über unfallfreies Fahren in den zurückliegenden fünf Jahren verlangt wird. Bei hohem Alter können zudem Zusatzkosten fällig werden.

Es erscheint den meisten Menschen als normal, dass, wenn sie am Morgen aufwachen, Körper und Geist problemlos funktionieren. Jetzt, da ich alt bin, ist mir das keineswegs mehr selbstverständlich. An jedem Morgen mache ich daher zuerst einmal einen Bodycheck. Ist alles in Ordnung, bin ich von Herzen froh, und ich danke dafür meinem Herrgott. Körperliche und geistige Unversehrtheit sind ein Geschenk und nicht als Selbstverständlichkeit zu erwarten. Bei diesen Gedanken muss ich erwähnen, dass das Verhältnis zwischen meinem Schöpfer und mir mit zunehmenden Jahren enger geworden ist. Das hat nichts mit im Alter neu erwachter Frömmigkeit zu tun, es ist die Erkenntnis, dass ich als Mensch eingebunden bin in ein großes Ganzes, welches ohne Frage einer überirdischen Allmacht unterliegt. Parallel zu dieser Einsicht hat sich auch mein Verhältnis zur Natur gewandelt und vertieft. Ich beobachte beispielsweise viel intensiver als früher den Wechsel der Jahreszeiten, erfreue mich inniger am Grünen und Blühen und lebe im Einklang mit den Veränderungen im Ablauf eines Jahres. Eine kleine, gerade erblühende Blume nach langer Winterzeit vermag es, mir tiefe Freude zu bescheren. Der Morgengesang der Vögel, der an mein Bett dringt, gehört heutzutage für mich zu der schönsten Musik, die ich kenne. Zu schaffen macht mir alle Jahre wieder und immer mehr das Vergehen in der Natur, und der November mit seinen unwirtlichen Tagen und seiner frühen Dunkelheit bedrückt mich und trübt mein Gemüt ein. Voller Sehnsucht erwarte ich daher in jedem Jahr die Wintersonnenwende, die anzeigt, dass es nun wieder aufwärts geht mit der Helligkeit, weil die Tage kontinuierlich länger werden. Ich habe festgestellt, dass es mir nicht alleine so geht.

„Stell dir vor", tönte es aus meinem Telefonhörer, „ich habe mir nach Jahren wieder hochhackige Schuhe gekauft". Sofia war aufgekratzt wie selten. Der Neuerwerb musste sie auf eine geheimnisvolle Weise verjüngt haben. Zumindest deutete der Klang ihrer Stimme darauf hin. Ich sagte zu den neuen Schuhen erst mal nichts. Ich wäre ohnedies gar nicht zu Wort gekommen, denn Sofia redet ohne Punkt und Komma. „Aber weißt du, so schöne Modelle, wie wir sie früher getragen haben, gibt es heutzutage nicht mehr!" Sie sagte noch was von Diabolo-Absätzen und schwenkte dann über zum Anlass ihres Schuherwerbs. Einer ihrer Söhne war mit mehr als 50 Jahren noch einmal Vater geworden. Die neue, kleine Erdenbürgerin sollte nun getauft werden, und meine Freundin war zu diesem Ereignis eingeladen. Im weiteren Verlauf des Gesprächs erfuhr ich dann, dass Sofia gar nicht sicher war, die lange Reise anzutreten. Zwischen ihrem Wohnort und dem des Sohnes liegen rund 600 Kilometer. „Ich muss halt schauen, wie es mir am Morgen des Reisetages geht." Ich hörte heraus, dass Sofia von mir, der Gleichaltrigen, wissen wollte, was ich von dem Unternehmen Taufe hielt. Ich sagte ihr deshalb klipp und klar, dass solch eine Odyssee mit sechs Stunden Bahnfahrt hin, Übernachtung in einem Hotel, Taufe und Fest am nächsten Tag sowie danach stundenlange Fahrt in der Bahn zurück für mich von vorneherein nicht infrage käme. Das träfe aber nur auf mich zu, jeder Mensch sei da anders. Als das ausführliche Telefonat beendet war, dachte ich über die neuen Schuhe nach. Vielleicht hatte sich Sofia damit ein Stück Jugend zurückkaufen wollen. Irgendwie hatte ich das Gefühl, dass es so war. Wenn sie sich darüber freute, war es auf alle Fälle ein guter Kauf! Ich vermutete aber, dass sie die Schuhe gar nicht tragen wird, sondern sie sie nach dem ersten Freudenrausch zurückgibt. Sofia hat ihr Leben lang gern und oft eingekauft und noch viel lieber umgetauscht! Ich für meinen Teil bin glücklich darüber, dass es mein Orthopädie-Schuhmacher jedes Jahr bewerkstelligt, mir chice Maßschuhe für meine arg lädierten Füße anzufertigen, die mir ein normales Gehen überhaupt noch erlaubten und die absolut nicht wie orthopädische Schuhe aussehen. Des Weiteren bin ich froh darüber, dass die hohen Kosten für meine maßgefertigten Treter bis auf einen vergleichsweise winzigen Eigenanteil von der Krankenkasse ein ums andere Mal anstandslos übernommen werden. Ich selbst würde diese immer wiederkehrende hohe Summe nicht aufbringen können.

Mein Vater liebte Kinder über alles. Selbst im hohen Alter noch blieb er oftmals stehen und sagte: "Guck, was für ein goldiges Kind." Dann leuchteten seine Augen, und manchmal strich er einem Kleinen mit seiner alten, knochigen Hand zärtlich über den Kopf. Vermutlich habe ich die Liebe zu Kindern von ihm geerbt oder erlernt. Mir macht es zum Beispiel großes Vergnügen, am Rand eines schön gestalteten Spielplatzes in unserer Innenstadt zu sitzen und zuzusehen, wie dort die Kinder vieler Nationalitäten friedlich miteinander spielen. Es gibt nur sehr selten Streit unter ihnen. Und falls, ist er im Handumdrehen auf mir unerfindliche Weise von den Kleinen beigelegt.
Schlimm wird es erst, wenn Erwachsene sich einmischen. Wie wunderbar wäre es, denke ich, wenn die Konfliktlösung in der großen Welt auch so einfach wäre! Während die Kinder spielen, kommen auf den Bänken im Umkreis Mütter und zunehmend auch Väter miteinander ins Gespräch. Wie mir eine Mutter dort erzählte, hat sie eine ihrer Freundinnen auf diese Weise kennengelernt. Auch ich begegne an diesem Ort mitunter Gesprächsbereiten in meinem Alter, die sich entweder auf ihren Wegen zu den Geschäften in der Nähe kurz hier ausruhen, oder Gleichgesinnten, die ihre Zeit, wie ich, damit zubringen, dem Spiel der Kinder zuzusehen. Mit einer Dame meines Alters kam ich unlängst dabei ins Philosophieren. Sie meinte, es wäre ein Jammer, dass es heute so eingerichtet sei, dass junge Mütter derart im Stress sind, dass sie die Kostbarkeit der kurzen Kinderjahre mit ihrem Nachwuchs

nicht genießen könnten. „Aber“, meinte die Frau lächelnd, „dafür gibt es dann für Großeltern viel wunderbare Zeit mit den Enkeln. Jeder, der sie nicht bis zum letzten Tropfen auskostet, bringt sich um unwiederbringlich Schönes und Bereicherndes.“ Da musste ich ihr uneingeschränkt zustimmen. Enkelkinder bescheren einem alten Leben den schönsten Sonnenschein, den es gibt!

Unlängst habe ich mich lange mit meinem kleinen Wahl-Enkelsohn unterhalten. Wir kamen dabei, wie gesagt wird, vom Hölzchen aufs Stöckchen. Mein kleiner Jan gewährte mir dabei einen tiefen Einblick in seine Seele, mehr noch einen in das Wunschdenken eines bereits trefflich herangezogenen Konsumenten. Das, was er sich in reichem Maße wünscht, ist fast ausnahmslos materieller Art. Das ließ mich ahnen, dass das nächste Weihnachtsfest für seine Eltern ein kostspieliges werden dürfte. „Wenn du so viele Wünsche hast, musst du fleißig sein, damit du einen Beruf erlernen kannst, der dir ein hohes Gehalt bringen wird, damit du dir dann alles, was du dir wünschst, kaufen kannst.“ Da stutzte der Kleine und wurde nachdenklich. Die Tatsache, dass Ausbildung, Leistung, Beruf, Geld und Wunscherfüllung einen ursächlichen Zusammenhang haben, das nämlich schien dem Jungen offensichtlich noch nicht in voller Tragweite bekannt. Ich lenkte auf ein anderes Thema über, auf solche Dinge nämlich, die wertvoll sind und nichts kosten. Jan war ein eifriger Zuhörer und von meinen Ausführungen geradezu fasziniert. „Du kannst das, was wir beredet haben, an Beispielen leicht überprüfen: Stell dir nur einmal vor, wie schön es ist, wenn es draußen stürmt und regnet. Die Tropfen prasseln ans Fenster und machen Musik. Du liegst in deinem warmen, weichen Bett und hörst zu. Oder du siehst, wie die Sonne untergeht. Der Himmel ist rot, soweit du sehen kannst. Aber es ist nicht nur rot, es ist gelb darin, orange und auch noch ein wenig blau. Es ist wie ein großes, herrliches Gemälde. Mittendrin ist die untergehende Sonne. Um dich herum ist es auf einmal so still und friedlich. Ist das nicht wunderbar?" Jan, der mit offenem Mund zugehört hatte, nickte versonnen. Wie viel Gutes, Aufbauendes, dachte ich, können Großeltern für ihre Kindeskinder tun. Sie haben dazu nicht nur die Fähigkeit, sie haben vor allem Zeit, Zeit, die den Eltern in der Regel fehlt! Jan hat es gern mit mir zu tun. Ich glaube, die Ruhe, die in meiner Wohnung herrscht, zieht ihn magisch an. Bei ihm daheim ist meist Umtrieb, um nicht gerade das Wort Hektik oder Chaos zu gebrauchen. Meine Erfahrung hat mich gelehrt, dass nicht nur kleine Menschen Orte der Ruhe benötigen, um sich zu regenerieren, um sich wohl zu fühlen und um zu sich selbst zu finden. In dieser Hinsicht kommen heutzutage die meisten Menschen zu kurz. Die kleinen wie die großen.

Meinen Gemütszustand jetzt im Alter würde ich als in sich ruhend und stabil bezeichnen. Das war früher etwas anders. Wahrscheinlich muss jemand erst die Höhen und Tiefen in vielen Jahren seines Lebens durchwandern, um ein gerüttelt Maß an innerer Ruhe und Gelassenheit zu erlangen. Solche Ausgeglichenheit ist ein unschätzbarer Vorteil, den das Alter für mich gebracht hat. Was mir allenfalls noch Probleme bereitet, ist die Einsicht, dass vieles, was ich noch gerne erleben oder tun möchte, nur noch vielleicht oder vermutlich gar nicht mehr zu realisieren sein wird. Es sind die beiden Wörter „nicht mehr“, die meine Seele schon etwas eintrüben. Sie lassen sich nicht aus dem Kopf streichen, nicht hinweg diskutieren und auch nicht verdrängen. Dieses „nicht mehr“ deutet auf das hin, wovor sich sehr viele, wenn nicht gar alle, fürchten: auf das Ende des Lebens. Das kommt für jeden Menschen unweigerlich. Früher oder später. Jeder wird sich eines Tages mit dem Nahen seines Endes auseinandersetzen müssen. Dabei ist es eigentlich nicht die Furcht vor dem Tod, es ist die vor dem Sterben. Das Sterben ist eine unbekannte Größe, über die alle gerne Genaueres wissen möchten, um sich darauf vorbereiten zu können. Die Facetten des Sterbens dürften, wie die des Lebens, von ungeheurer Vielfalt sein. Genaue Fahrpläne gibt es nicht. Jeder Mensch hat sein eigenes Leben, sein eigenes Sterben, wogegen der Tod für alle, ob arm, ob reich, gleich ist. Wie sollte, wie könnte sich einer auf etwas Unbekanntes, wie es das Sterben ist, vorbereiten? Vielleicht ist es ein probates Mittel, sich überhaupt erst einmal auf das Sterben, das eigene zudem, gedanklich einzulassen. Wie es sich im Einzelnen zutragen wird, ist nicht vorhersehbar. Leider ist es so, dass alte Menschen, die über dieses Thema mit ihren Lieben einmal in Ruhe sprechen möchten, meist mehr auf Ablehnung, gar Verweigerung, denn auf Entgegenkommen oder gar Interesse stoßen. Sterben, alleine schon das Wort, verunsichert die ganze Nation, schreckt ab, bereitet Unbehagen. Sich mit seinem Sterben zu befassen bedeutet eine probate Möglichkeit, diverse Vorkehrungen zu treffen. Das beginnt damit, dass Papiere, die sich immer und bei jedem Menschen in den Jahren mehr oder weniger reichlich in Schränken und Mappen angesammelt haben, gesichtet und sortiert – oder abgelegt – werden sollten. Ich empfinde es als grob fahrlässig, den Nachkommen ungeordnete Verhältnisse zu hinterlassen, um es einmal salopp auszudrücken. Wenn einer eine große Reise antritt, wird er mannigfache Vorbereitungen treffen. Er wird mit Sicherheit seine Angehörigen instruieren, was zu tun ist, falls..., was wo zu finden ist und ähnliches. Der Weg vom Leben in den Tod ist eine derart große Reise, wie es kaum eine größere gibt, einmal die Geburt ausgenommen. Vorbereitungen hierfür sind daher nicht nur anzuraten, sie sind notwendig. Sinnvoll und hilfreich ist es meiner Meinung nach, für eine Patientenverfügung sowie eine Vorsorgevollmacht zu sorgen und die Nachkommen darüber zu informieren, wo beides zu finden ist, damit alles schnell zur Hand ist, wenn es benötigt wird. Um in den Besitz solcher Dokumente zu gelangen, werden zahlreiche Hilfen angeboten. Etwa bei kommunalen Stellen, bei Ärzten, im Netz, bei Notaren. Nur am Rande: Wie schon Schiller in „Die Glocke“ schrieb, ist mit des Geschickes Mächten kein ewger Bund zu flechten. Daher ist solche Art der Vorsorge beileibe nicht nur älteren und alten Semestern anzuraten, sondern ebenso allen Menschen, die volljährig sind. Meiner Ansicht nach wäre es zweckdienlich, wenn Vorsorge-Dokumente dieser Art in einheitlich anerkannter Form zur Pflicht gemacht machen würden. Dadurch gäbe es Rechtssicherheit.

Sinnvoll genutzte Zeit

Ein Heer von Senioren ist hierzulande ehrenamtlich tätig. Ohne solche Helfer und ihr Engagement würde der Staat vor vielen Problemen mehr stehen. Daher kann der Einsatz in einem Ehrenamt gar nicht hoch genug eingeschätzt werden. Wer sich für fit genug hält und seine Zeit sinnvoll nutzen möchte, findet in seinem Umfeld mit Sicherheit ein weites Betätigungsfeld. Eine Rekordzahl ehrenamtlicher Helfer verzeichnete das Deutsche Rote Kreuz 2017. 425.00 Menschen brachten dort ihre Hilfe ein und beschertem dem DRK damit den höchsten Stand seit mehr als 15 Jahren.
Meine Mutter hatte vor etwa fünfzig Jahren ihre eigene ehrenamtliche Tätigkeit gefunden. Sie ging jede Woche mit ein paar Blümchen an einem Nachmittag in ein Krankenhaus ihrer Stadt. Dort erkundigte sie sich, wer von den Patienten niemals Besuch bekäme. Einen von den Genannten besuchte sie dann und blieb für ein Gespräch, das so lange dauerte, wie sich der Besuchte darauf einließ. „Warum tust du das?“, hatte ich meine Mutter damals gefragt. Sie antwortete: „Das ist meine Art von Gottesdienst“. Mit einigen der im Krankenhaus Kennengelernten blieb meine Mutter dann weiterhin, oft über lange Zeit, in Kontakt.

Die Kabarettistin Gerburg Jahnke hatte einmal in ihrem Programm einen Sketch, der ungefähr so ging:
„Kommt ein Mann unerwartet ins Badezimmer, in dem seine Frau gerade nackt steht. Er sieht sie an, erschrickt und sagt: ‚Wann ist das denn passiert?‘“ Ich lachte mich darüber fast kaputt, weil er, meiner Meinung nach, den Nagel auf den Kopf trifft: die körper-

liche Veränderung im Alter nämlich. Wenn ich meinen ehemals zierlichen, sportlichen und anziehenden Körper heute betrachte, muss ich eines zuerst feststellen: Alles unterliegt der Schwerkraft! Freilich kann jeder seine Fettschürze, seine Schwimmringe, seine Alterswarzen und das Übermaß an Haut, schlaff und faltig dazu, sowie das „Winkefleisch" an den Unterseiten der Oberarme geschickt unter raffinierter Kleidung verstecken. Es verschwindet dadurch aber nicht. Es bleibt alles weiterhin erhalten. Die BesitzerInnen solcher körperlicher Verunstaltungen wissen das, und ganz gleich, wie viel edler Stoff darüber gepackt wurde, darunter verändert sich dadurch nichts. Es sei denn, es werden eisern unermüdlich Gegenmaßnahmen ergriffen. Wer gesundheitlich dazu in der Lage ist, sollte den inneren Schweinehund überwinden und regelmäßig körperlich aktiv werden, so gut und so viel, wie er es für nötig hält und schafft. Gemeinsam mit Gleichgesinnten den Körper zu trainieren, bereitet mehr Vergnügen als ein Alleingang und sorgt zudem für Kontakte.

Kaum oder nur unzureichend verstecken lassen sich leider die Doppelkinne, Schlupflider, Tränensäcke und die in Falten gelegten oder voluminös gewordenen Nacken, bei Männern wie bei Frauen. Auch unschöne Hälse bereiten nachhaltig Probleme. Das schönste Seidentuch, raffiniert drapiert, schafft zwar Ablenkung des Blicks, mancher flotte Kragen Kaschierung, dennoch bleibt darunter Vorhandenes, wie es eben geworden ist. Alles beugt sich nun einmal der Zeit und jeder muss die Zeichen, die sie hinterlässt, erdulden. Ich finde nicht, dass ein Vertuschen um jeden Preis sein muss. Was das Alter mit dem Körper macht, braucht nicht verleugnet werden. Es ist Bestandteil des Lebens. Sich damit bis zu einem gewissen Grad abzufinden, erscheint mir weise, denn keiner ist gegen das Diktat des Alters gefeit, selbst wenn er in jungen Jahren meinte, Schönheit und Jugendlichkeit auf ewig gepachtet zu haben. Was die Jugend, was das Alter anbelangt, sitzen wir alle im selben Boot. Für viel Geld kann der Schönheitsdoktor manches und sogar vieles für eine Weile richten, doch gewiss nicht alles und für immer schon gar nicht. An dieser Tatsache ist nicht zu rütteln. Ich erinnere mich an einen dieser Herren in Weiß, der in Sachen Körperoptimierung unterwegs war. Er berichtete mir vor vielen Jahren in einem Interview, er habe eine Patientin, die schon lange und immer wieder zur Behandlung zu ihm käme. Sie sei inzwischen weit über 80 Jahre alt und er wisse partout nicht, wie er ihr beibringen solle, dass er nun, selbst mit all seiner Kunstfertigkeit, nichts mehr für sie tun könne. Schließlich teilte er ihr das dann behutsam mit. Sie schluckte brav die bittere Pille und bat dann darum, sich wenigstens noch ein paar Tage in seiner schönen Klinik mit all ihren Annehmlichkeiten aufhalten zu dürfen. Es wurde ihr natürlich gewährt.

Als ich mich unlängst im Spiegel betrachtete, stellte ich missbilligend ein neuerliches Mal fest, dass meine Ohren zu wachsen scheinen. Aus meiner Stupsnase von früher, über die meine Kollegen frotzelten, ich solle aufpassen, dass es mir da nicht einmal rein regne, ist inzwischen eine solide Nase geworden, in die es garantiert nicht hinein regnen wird. Haare habe ich auch ordentlich lassen müssen! Es wird auf meinem Kopf an manchen Stellen ganz schön licht. Da fällt mir der Witz von dem alten Chinesen ein. Er hatte noch drei lange Haare auf seinem Kopf. Damit ging er zum Frisör. „Flechten Sie mir einen schönen Zopf", sagt er zu dem Figaro. Bei seinem nächsten Besuch waren nur noch zwei Haare vorhanden. „Drehen Sie die beiden Haare fein zusammen!" Beim dritten Mal war nur noch ein Haar auf dem Kopf übrig. „Was nun?", fragt der Frisör. „Kämmen Sie schön aus. Ich trage mein Haar heute offen." Ich trage mein Haar dann auch bald offen.

Wie sehr einer auch sein Alter zu vertuschen versucht, es gibt etwas, was es zuverlässig verrät. Es sind die Hände. Wer die Erkennungszeichen des Alters dort verbergen will, müsste rund ums Jahr Handschuhe tragen. Darunter ließen sich dann zum Beispiel deutlich hervortretende Adern, dicke Finger und verunstaltende Altersflecken verstecken. Doch wer wollte wohl ständig Handschuhe benutzen? Probleme gibt es schon längere Zeit zuvor. Der Ehering sitzt mit den Jahren immer fester. Schließlich wie eine Zwinge. Wird nicht rechtzeitig eine Gegenmaßnahme, etwa in Form einer Ringerweiterung, vorgenommen, kann es zu größeren Schwierigkeiten kommen. Ärzte haben zur Problemlösung daher längst spezielles Werkzeug in petto. Eine rechtzeitige Scheidung erledige das Problem auch, meinte einer meiner Bekannten dazu sarkastisch.

Die Kinder auf dem Bürgersteig hatten Streit. Er schlug mir lautstark schon von weitem entgegen. Als ich die Gruppe erreichte, gingen gerade zwei fast gleichgroße Burschen aufeinander los. „Aufhören!", rief ich. Zu meiner großen Überraschung folgten die Streithähne sofort meiner Anweisung. Der eine der beiden aber blickte mich giftig an, und ich hatte den Eindruck, dass er sich für mein Eingreifen revanchieren wollte. „Halt's Maul, du alte Kuh", brüllte er dann mit vor Zorn geröteten Wangen. Ich schaute ihm fest in die Augen und sagte: „Alt ja, Kuh nein!" Ihm verschlug es die Sprache, und er stand breitbeinig wie angewurzelt da. Ich ließ ihn in seinem Zorn stehen und ging weiter.

Das Wort „alt" ist ein Adjektiv, ein Wiewort, wie uns früher in der Grundschule beigebracht wurde. Es bezeichnet, wie etwas ist. Heutzutage wird alt oft wie eine Beleidigung benutzt. Der Begriff alt ist schon lange nicht mehr unbelastet, er ist eher diskriminierend gemeint und scheint rundum negativ besetzt zu werden. Deswegen will heutzutage auch keiner alt sein oder als alt gelten. Es soll einmal Zeiten gegeben haben, da Alte angesehen und hochgeschätzt waren. Aber zu meinem Erstaunen erfahre ich, dass sie es bereits im antiken Athen nicht waren. Dort wurden Alte nämlich ausgegrenzt. Die Texte in alten Märchenbüchern hingegen lassen noch erahnen, dass früher Alte nicht als Geschöpfe angesehen wurden, die allesamt verwirrt, zerknittert, für das Leben untauglich geworden und minderwertig waren. In Japan werden die Alten auch in unseren Tagen ge- und verehrt. Es gibt seit 1966 sogar einen amtlichen Feiertag im Jahr. Entsprechend der allgemeinen Wertschätzung soll der Umgang der Jungen mit den Alten im Land der aufgehenden Sonne ein ganz anderer als hierzulande sein. Global gesehen zählen nicht in allen Ländern die Alten zum alten Eisen oder zum lästigen Friedhofsgemüse. Wer beispielsweise Ferien in nah gelegenen südlichen Ländern Europas macht, stellt rasch fest, dass das Verhältnis zwischen den Generationen dort noch zum überwiegenden Teil intakt zu sein scheint und nicht gestört ist wie hierzulande immer mehr. Dabei ergeben sich bei gegenseitiger Achtung Vorteile. Für die Jungen, die beispielsweise den Nachwuchs von den Älteren sicher behütet und verwahrt wissen, während sie arbeiten, für die Älteren und Alten, wenn sie Hilfe und Schutz benötigen.

Ein Grund, dass es bei uns familiär gesehen nicht mehr rund läuft, dürfte in den stark veränderten Familienstrukturen liegen. Wo es Familienmitglieder in alle Teile des Landes verstreut hat, kann ein nahes und bereicherndes Miteinander nicht mehr ohne Weiteres stattfinden; somit fällt das Verständnis füreinander dann oftmals schwer. Anteilnahme und Zuneigung sind ausgelagert, und eine tatkräftige Hilfe über weite Entfernungen dürfte nur schwer möglich sein. In dieser Hinsicht hat unsere allumfassende Mobilität nachhaltig Schaden angerichtet.

Weise Männer und Frauen

In unserer Vorstellung verbinden wir üblicherweise die Weisheit mit Alter. Die Geschichte kennt eine Vielzahl von Männern und Frauen, die als weise bezeichnet wurden und bis auf den heutigen Tag noch als weise gelten. Es waren Menschen, die im Laufe ihres Lebens beobachtend in die Geheimnisse des Lebens und der Natur eingedrungen waren und deren philosophische Gedankengebäude die Menschheit bereicherten. Von den sieben Weisen der Antike, die vor Christus lebten, hören die Schüler – wenn sie Glück haben – selbst in unserer rasenden, nur auf den Augenblick orientierten Zeit, noch im Geschichtsunterricht. Eine große Zahl an Lebensweisheiten sind überliefert und zum Allgemeingut geworden. Viele Weise des Altertums waren Staatsmänner und Philosophen. Sie genossen hohes Ansehen bei ihren Zeitgenossen. Und sie waren meist nicht nur reich an Wissen, sondern auch reich an Lebensjahren.
Ihre Erkenntnisse, ihr Wissen und Wirken brachten auch viele weise Frauen lebenslang, besonders im fortgeschrittenen Alter, zum Wohle der Menschen ein. Da sie die Natur achteten und im Einklang mit ihr lebten und standen, erwarben sie unter anderem umfassende Kenntnisse von den Wirkstoffen der Pflanzen, die zur Behandlung und Linderung von Krankheiten verwendet werden konnten. In unseren Tagen wird die Kunst der alten Kräuterweiber gerade wiederentdeckt. Die weisen Frauen wurden in früheren Zeiten als Helferinnen zu den Gebärenden und Erkrankten gerufen und sie erwarben mit den Jahren beachtliche medizinische Kenntnisse und Fähigkeiten. Einige von ihnen waren als Baderinnen tätig und arbeiteten sogar erfolg-

reich auf dem Gebiet der Chirurgie. Daneben galten sie bei vielen Problemen des Lebens als kluge Ratgeberinnen. Wegen ihrer Kenntnisse und Heilerfolge wurden ihnen mitunter magische Kräfte zugeschrieben. Das führte letztlich zu einem der dunkelsten Kapitel in unserer Geschichte: der Hexenverfolgung.

Bei den Naturvölkern hatten die Ältesten als Weise einen hohen Rang. Sie lehrten ihre Stammesmitglieder vor allem, nicht wider die Natur zu leben, sondern sich zu vergegenwärtigen, dass alle Lebewesen einen Ursprung haben und dass sie miteinander verbunden und verwandt sind. Die Lehren wurden von Generation zu Generation mündlich weitergereicht und mehr als nur Anklänge davon befinden sich in Mythen und Märchen. Bezug nehmend auf eine Prophezeiung, die bei vielen Indianerstämmen zu finden ist, nämlich, dass dereinst 13 Großmütter einen weisen Rat gründen würden. trafen sich erstmals im Oktober 2004 auf dem Land der Irokesen 13 Frauen im Alter zwischen 60 und 90 Jahren. Sie entstammten eingeborenen Völkern und kamen zum Beispiel aus der amerikanischen Prärie, vom Amazonas, aus Tibet und vom Polarkreis. Ihr Anliegen war es, auf die Bedeutung des Lebens und die Wertigkeit der Natur hinzuweisen und für ein umweltbewusstes Leben sowie die Heilung der Erde zu werben. „Wir sind besorgt wegen der noch nie dagewesenen Zerstörung von Mutter Erde.“ Vor allem wollten die 13 alten, weisen Frauen Politiker mit ihrer Botschaft erreichen. Dazu bereisten sie die ganze Welt. Sie besuchten unter anderen den Dalai Lama und den Papst. 2010 kamen sie auch nach Deutschland zu den Externsteinen in der Nähe des lippischen Detmold.

„Stell dir vor“, tönte Sofia, „ich bin jetzt fünf Zentimeter kleiner als früher.“ Sie hatte das bei ihrer Hausärztin erfahren, wo sie, aus welchen Gründen auch immer, vermessen worden war. Sofia war darüber regelrecht erbost, so als hätte ihr irgendwer in der Arztpraxis in böser Absicht die Körperlänge um fünf Zentimeter gekappt. „Warum sagst du nichts dazu?“, fuhr Sofia mich an. „Weil mich das nicht überrascht. Menschen sind schon zu allen Zeiten mit zunehmenden Lebensjahren eingegangen.“
„Du wusstest das?“ „Das weiß eigentlich jeder.“ „Ich wusste es nicht.“ Nun muss ich Sofia doch ein wenig aufklären. Darüber nämlich, dass jeder Mensch am Morgen größer ist als am Abend und dass bereits ab circa 40 Jahren seines Lebens der Verlust an Körperlänge beginnt. Sofia dachte nach und hatte gleich eine weitere Frage parat. „Wird man mit 40 denn dann schon alt?“ „Um das zuverlässig zu beantworten, dazu bin ich nicht firm genug“, gebe ich zu und beschließe, mich in dieser Hinsicht gelegentlich schlau zu machen.

Herauszukriegen, wann das Altern eines Menschen genau beginnt, ist nicht so einfach. Leichter ist es da mit der Jugend. Der Zeitraum, in dem sie stattfindet, ist nämlich eingegrenzt: zwischen 12 und 28 Jahren. Und sie kommt, wie jemand einmal philosophisch meinte, immer zu früh. In späteren Jahren ließe sich mehr mit der Jugend anfangen. Wie sieht es aber mit dem Alter aus? Wann beginnt es? Es liegt, so habe ich nachgelesen, „im Leben eines Menschen zwischen dem mittleren Erwachsenenalter und dem Tod“. Sehr vage! Wann er 12 Jahre alt ist, weiß ein Mensch in der Regel exakt zu bestimmen, wann sein mittleres Erwachsenen-

alter (gewesen) ist, steht eigentlich erst nach seinem Tod fest.
Man ist nur so alt, wie man sich fühlt. Wie einfach! Wenn ich mein Alter nach der Leistungsfähigkeit meines Kopfes bemessen würde, wäre ich jünger, mit allem anderen darunter sieht es leider nicht gleichermaßen gut aus! Wie alt bin ich nun – biologisch und gefühlt?
Die Lebenserwartung der Menschen hat sich aktuell innerhalb von 150 Jahren verdoppelt. Im Mittelalter hatten die Menschen, so ist nachzulesen, eine Lebenserwartung von durchschnittlich 35 bis 40 Jahren. Leonardo da Vinci aber wurde 69 Jahre alt, und er lebte im Mittelalter. Michelangelo erreichte gar ein Lebensalter von 89 Jahren. Geradezu staunend macht, dass er die Bauleitung für den Petersdom in Rom übernahm, als er bereits 72 Jahre zählte. Mohammed wurde angeblich mehr als 60 Jahre alt, Karl der Große 67 Jahre, Dschingis Khan ebenso, Kopernikus erreichte 70 Jahre und Walther von der Vogelweide 60. Der Begründer des Buddhismus, Siddhartha Gautama, dessen Geburtsjahr mit 563 vor Christus angeben wird, soll in seinem 80. Lebensjahr gestorben sein. Der im 6. Jahrhundert geborene chinesische Lehrer und Philosoph Laotse (Lao Tzu, alter Meister) erreichte einer Legende nach ein Lebensalter von 160 Jahren, andere Quellen sprechen sogar von 200 Jahren.
Sprichwörtlich bekannt für sein Alter ist Metuschelach (Methusalem). Im ersten Band der Bibel wird sein Lebensalter mit 969 Jahren angegeben. Damals sollen noch viele andere ein ähnlich hohes Alter erreicht haben, ein biblisches eben, wie gesagt wird. In unseren Tagen ging die im südfranzösischen Arles geborene

und auch dort verstorbene Jeanne Calment in die Annalen ein. Sie wurde 122 Jahre und 164 Tage alt. Wie verlautet, fuhr sie mit hundert Jahren noch Fahrrad und soll erst mit 119 Jahren das Rauchen aufgegeben haben. In ihrer Jugendzeit wurde der Bau des Eiffelturms in Paris begonnen. Sie soll Vincent van Gogh begegnet sein und noch mit 120 Jahren für einen gemeinnützigen Zweck eine Techno-CD aufgenommen haben.
Kurz vor Weihnachten 2017, genau am 15. Dezember, schloss in einem Seniorenheim in Barcelona, in dem auch ihre 90jährige Tochter lebt, Ana Maria Vela Rubio nach einem langen Leben für immer die Augen. 116 Jahre alt war sie geworden und bis zu ihrem Tod die älteste Europäerin. Etliche der Mitglieder ihrer Familie hatten ebenfalls ein hohes Alter erreicht; eine ihrer Schwestern verstarb zum Beispiel mit 102 Jahren. Zuvor war die Italienerin Emma Morano-Martinuzzi Alters-Rekordhalterin in Europa, bis sie mit 117 Jahren am 14. April 2017 starb. Auf Platz 1 der Ältesten des Kontinents rückte nun wiederum eine Italienerin: Guiseppina Projetti: Sie erblickte am 30. Mai 1902 das Licht der Welt. Somit lebt jetzt bekannterweise kein Mensch mehr in Europa, der noch im 19. Jahrhundert geboren wurde.
2016 wurde von einem Mann berichtet, der auf der Insel Java lebte. Seine Geburt am 31. Dezember 1870 soll dort behördlich beurkundet sein. Danach wäre Mbah Gotho der Methusalem unserer Tage gewesen. Er starb am 30. April 2017 und wäre mit mehr als 146 Jahren Lebenszeit zu seiner Zeit der älteste Mensch auf Erden gewesen. Zwei weitere Männer möchten ihm den Rang streitig machen. Ein Alter aus Niger, der behauptet, bereits mehr als 160 Jahre zu leben und ein

weiterer aus Äthiopien, der gar mehr als 170 Lebensjahre auf dem Buckel haben will. Beide können es aber nicht beweisen.
In Deutschland gab es in Hamburg am 6. November 2017 einen bemerkenswerten Geburtstag. Stattliche 111 Jahre wurde die älteste Deern der Stadt. Wie im TV zu sehen und hören war, ist Lydia Smuda noch äußerst fit im Kopf und daher vielseitig interessiert. Sie begeistert sich besonders für Boxsport, hat alle Kämpfe der Klitschkos gesehen und Wladimir Klitschko sogar kennenlernen dürfen. Ein Jahr zuvor nämlich, als sie 110 Jahre alt wurde, besuchte er sie und erfüllte ihr damit einen Herzenswunsch. Bis zum Alter von 104 lebte sie noch in ihrer Wohnung und zog erst danach in eine Seniorenresidenz. Die betagte Hamburgerin gehört zu den zehn ältesten Deutschen, und mindestens so lieb wie der Geburtstagskuchen war ihr ein Glas Weißwein.
Noch etwas älter ist Gustav Gerneth, der in Havelberg (Sachsen Anhalt) lebt. Er wurde am 15. Oktober 2017 112 Jahre alt. Er gilt als der älteste Deutsche. Auch er ist noch geistig rege und lebt in seiner eigenen Wohnung. Nach dem Geheimnis für sein langes Leben gefragt, soll er angegeben haben, dass er nie geraucht und Alkohol nur bei Feiern getrunken habe. Ansonsten sei er immer für ein gutes Essen und Leben gewesen.

Die Superager

Diesen Begriff heißt es zu verinnerlichen, denn er dürfte in Zukunft Wissenschaft und Forschung zunehmend interessieren und beschäftigen. Worum geht es dabei? Es handelt sich um eine Gruppe von hochbetagten Menschen, bei der zwischen ihrem Lebensalter und ihren Hirnleistungen eine auffallende Diskrepanz besteht. Manche der 80- oder 90jährigen können es nämlich, was ihre geistigen Fähigkeiten anbelangt, mit Menschen im Alter von 50 oder 60 Jahren aufnehmen. Woran das liegt, das interessiert Forschergruppen weltweit. Herausgefunden wurde bislang zum Beispiel, dass bei Superagern die Hirnregionen, die mit starken Emotionen verknüpft sind, sich ausgeprägter zeigen, woraus gefolgert wird, dass positive soziale Kontakte eine Voraussetzung für ihre überdurchschnittlichen Leistungen sein könnten. Im Gegensatz zu den meisten Menschen, bei denen die Gehirne mit zunehmendem Alter schrumpfen, tun dies die Gehirne der Superager nicht. Einige ihrer Hirnareale weisen eine Stärke auf, wie sie üblicherweise bei Jahrzehnte Jüngeren anzutreffen ist. was möglicherweise eine Erklärung für die unter anderem erstaunliche Gedächtnisleistung der alten Überflieger ist. Bei Autopsien von zwei Gehirnen verstorbener Superagern wurde unlängst festgestellt, dass sie eine außergewöhnlich hohe Zahl an Neuronen besaßen.

Warum stirbt der eine früh, der andere spät? Es ist, was die Lebenserwartung eines Menschen anbelangt, offensichtlich vieles, wenn nicht gar alles, ungewiss. Das war früher schon so und ist es bis auf den heutigen Tag geblieben. Glücklich mag sich ein Mensch preisen – oder vielleicht doch nicht? –, der über ein Methusalem-Gen verfügt. Es ist sicher, dass außer den Genen – doch sie bedingen nur zwischen 10 und 30 Prozent das Altern – viele andere Faktoren ein Menschenleben verkürzen oder verlängern können. Krankheiten, Lebensbedingungen, Lebensweise wären da etwa zu nennen. Es ist zu vermuten, dass Kalorienzufuhr und Lebenserwartung einen ursächlichen Zusammenhang haben könnten. Zumindest ergab sich das bei Versuchen mit Tieren. Zwei Testreihen an Menschen sollen zu vergleichbaren Resultaten geführt haben. Bei Versuchen mit Mäusen hatte der amerikanische Arzt Roy Walford (mit 79 Jahren 2004 gestorben) festgestellt, dass sie deutlich länger lebten, wenn sie weniger Nahrung er hielten. Er propagierte daher nach seiner „Hungerforschung" eine Niedrigkaloriendiät (kalorische Restriktion). Meine alternde Mutter reduzierte vor vielen Jahrzehnten aus eigenem Antrieb ihre tägliche Kalorienzufuhr und sie setzte mindestens einmal pro Jahr ein mehrtägiges Heilfasten daheim auf ihren Plan, oder sie ging zu einer Fastenkur in eine spezielle Klinik. Doch letztlich ist es allen Maßnahmen zur Lebensverlängerung zum Trotz ein bislang ungelöstes Rätsel, warum das eine Dasein mit 60 endet, das eines anderen erst mit mehr als 90 oder gar jenseits von 100 Jahren.

Die Zahl der Hundertjährigen in Deutschland steigt kontinuierlich an. Während im Jahr 2000 etwa 6.000 Menschen hundert Jahre und mehr erreichten, waren es zehn Jahre später bereits mehr als doppelt so viele, nämlich rund 13.000. Bis 2015 stieg die Zahl der Hundertjährigen dann weiter auf fast 17.000, wobei dieses hohe Alter deutlich mehr Frauen als Männer erlebten. Frauen haben, wie wir wissen, generell eine höhere Lebenserwartung. Nach Prognosen könnten im Jahr 2050 bereits 114.000 Menschen im Alter von mindestens 100 Jahren unter uns leben. Zum globalen Vergleich: In Japan gab es bereits 2013 mehr als 59.000 Hundertjährige, derzeit sind es fast 68.000. Darunter befindet sich auch Chiyo Yoshida. Nach einer amerikanischen Forschergruppe für Gerontologie ist diese Japanerin im Alter von 116 Jahren gegenwärtig der älteste Mensch der Welt. Bis zum April 2018 war es Nabi Tajima gewesen. Da starb sie im Alter von 117 Jahren und soll mehr als 160 Nachfahren haben. Das Land der aufgehenden Sonne gilt weltweit als das Land mit der höchsten Lebenserwartung. Auch die Menschen unseres Landes werden immer älter. Wer wüsste es nicht? 28 Prozent der derzeit neugeborenen Mädchen, so die Prognosen, und sieben Prozent der Jungen könnten 100 Jahre alt werden.

Ältere und alte Menschen verfügen über einen unschätzbaren Reichtum: ihre Weisheit. Weise aber kann nur jemand werden und sein, der über ein großes Maß an Erfahrungen verfügt, das er in vielen Jahren seines Lebens erworben hat. Weisheit hat weder etwas mit Ausbildung, noch mit Besitzstand zu tun. Es geht um das, was das Leben mit all seinen Facetten jeden Menschen lehrt. Deshalb waren und sind es immer alte Menschen, die ihr angesammeltes Wissen an die nachfolgende Generation weitergaben und bis auf den heutigen Tag tun. Selbst in unserer aufgeklärten Zeit gibt es daher immer noch viele junge Menschen, die sich Rat und Anleitung bei den Alten holen, sei es bei den

Großeltern oder erfahrenen Menschen ihres Vertrauens. Wo stünden wir, wo stünde die Menschheit, hätten wir nicht stets das nutzen können, was die Vorfahren an die Nachkommen weiterreichten, durch alle Generation hindurch?

Die Aussage, dass früher in unserem Land den Alten mehr Beachtung und vor allem Achtung entgegengebracht wurde, ist nicht von der Hand zu weisen. Ersichtlich wird das schon alleine daran, dass es früher die Bezeichnung Oma und Opa nicht gab. Es hieß Großmutter und Großvater. Übrigens auch Mutter und Vater, allenfalls Mutti oder Vati. Meine Mutter wurde 1915 geboren. Sie erzählte mir, dass ihre Eltern ihre Eltern noch siezten, während sie aber die Großeltern duzen durfte. Das „Sie" war Ausdruck von Respekt und Achtung der Jüngeren vor den Älteren. Hohe Wertschätzung zollten bei den Indianern in Nordamerika die Jungen den Alten. Sie durften nicht einfach das Wort an Alte richten, sondern mussten warten, bis sie von ihnen angesprochen wurden. Bei vielen Naturvölkern gab es in der Regel einen Ältestenrat. Eine hohe Rangstufe der Alten gibt es auch im Tierreich. Ich erinnere mich an eine Geschichte, die mir eine Tierpflegerin erzählte. In dem Tierheim, in dem sie arbeitete, konnte ein kläffender, renitenter junger Hund absolut nicht beruhigt werden. Er wurde deshalb zu einem alten Artgenossen gebracht, wo er sich so lange noch wild aufführte, bis der Alte ihn mit einem einzigen kurzen, aber kräftigen „Wuff" zur Raison brachte. Die Tierpflegerin erwähnte, dass diese Maßnahme des Öfteren schon erfolgreich angewendet worden sei.

Wie die Alten, so die Jungen! Wie sich die junge Generation Betagten gegenüber verhält, ist ein Ausdruck dessen, was ihnen von den Eltern beigebracht und vorgelebt wird. Meinen Kindern habe ich einmal eine Geschichte erzählt, die ich heute nur noch ungenau und verkürzt zusammen bekomme. Trotz langwieriger Recherche konnte ich sie nirgends ausfindig machen. Ich gebe sie so wieder, wie sie mir in Erinnerung geblieben ist: Als der Großvater in einer Familie am Esstisch immer mehr sabberte, gaben ihm seine erwachsenen Kinder eine Schale aus Holz und setzten ihn abseits an einen kleinen Tisch. Eines Tages beobachtete der Vater seinen kleinen Sohn, wie er in einer Ecke saß und etwas schnitzte. „Was tust du da?", fragte er den Jungen. „Ich schnitze eine Essschale für euch im Alter!", antwortete das Kind. Diese Geschichte habe ich meinen Kindern, als sie noch klein waren, oft erzählt. Sie wollten sie immer wieder hören. Jedes Mal weinte danach meine Tochter bitterlich.

Meine Kinder können das nicht verstehen! Sie haben mich eingeladen. Zu einem einwöchigen Aufenthalt an der Ostsee mitzukommen. Ostsee deshalb, weil ich das Meer liebe und es zur Ostsee von mir aus nicht so weit ist. Ich erbat mir Bedenkzeit, weil ich seit Jahren schon keine sofortigen Entscheidungen mehr treffe. Ich wälzte in meinem Kopf das Für und Wider. Schließlich sagte ich ab. Das machte meinen Nachwuchs traurig. Die beiden hatten sich solche Mühe bei der Planung gegeben! Sie hatten eine Unterkunft in einem Nobelhotel direkt an der Uferpromenade ausgesucht, in einem oberen Stockwerk gelegen mit traumhaften Blick. Mein Sohn wollte den Chauffeur und Pagen spielen.

Transport hin und zurück. Von Tür zu Tür. So bequem. Ich sollte vor Ort alles haben, was ich mir wünschte: Begleitung und Ansprache oder Ruhe und Alleinsein. Mal so, mal so, ganz nach meiner Vorstellung. Dennoch fürchtete ich das Unternehmen. Es fiel mir dann sehr schwer, ihnen eine Absage zu erteilen. Mir war klar, dass sie dafür nicht das geringste Verständnis haben konnten. Vor einigen Jahren hätte ich es selbst nicht verstanden. Da waren die Wege für mich auch noch nicht so weit, wie sie es mittlerweile geworden sind und Veränderungen nicht derart anstrengend. Deshalb schlägt ein alter Mensch solch eine herrliche Einladung möglicherweise aus. Alleine die Vorstellung, Garderobe auszusuchen, zu richten und damit einen Koffer bestücken zu müssen, verursacht heutzutage in mir Unruhe. Der Gedanke einer stundenlangen Anfahrt ebenso. Seit einiger Zeit bin ich am liebsten in meinen vier Wänden, wo ich es mir so zweckmäßig und gemütlich, wie es geht, eingerichtet habe. Ich liebe es, nach meinem eigenen Fahrplan, ohne Umtrieb und Reize beschaulich die Tage zu verbringen. „Ein Leben ohne Höhen und Tiefen." So würde meine Bekannte Gudrun das abwertend nennen. Die Höhen und Tiefen habe ich – hoffentlich – weitestgehend hinter mir. Darüber bin ich nicht traurig. Jedwede Veränderung meines gewohnten Gleichmaßes bringt mich ziemlich zuverlässig durcheinander. Und Abweichung, das kann schon etwas Simples wie ein Arztbesuch sein. Während ich sonst relativ lange schlafe, erwache ich an den Tagen, an denen auf meinem Kalender Termine verzeichnet sind, in aller Frühe. Mein Blutdruck ist dann stets erhöht. Meine Blase spielt gar verrückt. Vielmals muss ich, ehe ich das Haus verlasse, zur Toilette, obgleich mein Kopf mir sagt, dass ich eigentlich gar nicht müssen dürfte. Ich gerate selbst bei kleinen Veränderungen meines Tagesablaufes in eine Art Ausnahmezustand. Deshalb bin ich inzwischen grundsätzlich gegen Überraschungsbesuche, seien sie auch noch so lieb gemeint. Mir erscheint es inzwischen zumutbar, dass sich Besucher bei mir per Mail oder Telefonat anmelden, besser noch, einen Besuchstermin mit mir vereinbaren. Dass es nicht nur mir so geht, sondern vielen Menschen meines Alters, bestätigte mir unlängst eine Vertraute. Sie war zu einer Familienfeier besonders herzlich eingeladen worden. Um daran teilzunehmen, musste sie jedoch weit anreisen. Letztlich sagte sie ab, da sie Angst „vor den vielen Umständen", die damit für sie verbunden waren, hatte. „Ich bin sicher, dass es mir vor lauter Aufregung am Reisetag bestimmt nicht gut gehen wird", verriet sie mir. „Und welche Familie möchte schon gerne eine nervöse, kränkliche, alte Frau bei einer Feier um sich haben?" „Woher weißt du das denn alles so genau?", wollte ich wissen. „Aus Erfahrung." Ich musste lächeln, denn ich begriff, dass ich mit meinen altersbedingten Absonderlichkeiten nicht die Einzige bin. Sie gehören so oder so ähnlich zu der letzten Lebensphase eines Menschen. Eine Verhaltensbiologin hat einmal geäußert, dass das Verhalten von Menschen im Alter in der Evolution verankert sei und somit mindestens teilweise ein altes Erbe zu sein scheint.

Alte Menschen leiden häufig an Unentschlossenheit. Sie kann die Jungen schier in die Verzweiflung treiben. Was der Kopf vielleicht spontan bejaht, lehnt der alte Körper als zu strapaziös ab. Dabei fällt mir auf einmal meine Großmutter ein. Wenn sie die Straßenbahn benutzen musste, lief sie wie ein aufgescheuchtes Huhn planlos an den wartenden Wagen hin und her und konnte sich nicht entscheiden, wo sie einsteigen sollte. Das tat sie so lange, bis der Bahnführer voller Ungeduld schrill Signal gab. Dann huschte sie erschrocken in den nächsten Einstieg. Und alle Fahrgäste, die von ihren Sitzen aus das Verwirrspiel der alten Frau beobachtet hatten, lachten.

Vergesslichkeit

Als mein Vater bereits hochbetagt war, rief er mich einmal in aller Herrgottsfrühe an. Er sprach aufgeregt und schien total durcheinander zu sein. „Mein Sparbuch ist verschwunden“, sagte er dann mit Grabesstimme. Schon am Abend zuvor sei ihm der Verlust aufgefallen. Die halbe Nacht habe er dann gesucht und alles auf den Kopf gestellt. So gut ich das aus der Ferne konnte, beruhigte ich ihn erst einmal. „Wo hattest du denn das Sparbuch aufbewahrt?“ „Im Schrank unter Wäsche.“ *Ein tolles Versteck, auf das wirklich überhaupt niemand kommt*, dachte ich. „Wann hattest du das Sparbuch zuletzt in der Hand?“ „Ach, das ist Monate her! Ich wollte jetzt aber Geld abheben, da war das Buch auf einmal nicht mehr da! Es muss gestohlen worden sein.“ „Vati, du lebst allein in deiner Wohnung. Wer könnte dir denn da etwas stehlen?“ „Die Putzfrau zum Beispiel“, kam prompt die Antwort. Ich kannte die Putzfrau. Meiner Meinung nach war sie eine vertrauenswürdige und liebenswerte Person. Ich konnte mir absolut nicht vorstellen, dass sie meinem Vater auch nur irgendetwas wegnehmen würde. „Vati, das glaube ich nicht. Vielleicht hast du das Sparbuch irgendwann an eine andere Stelle getan.“ „Nein!“, kam es kurz durch die Leitung, so als habe ihn meine Mutmaßung verletzt. Ich rief meinen Bruder an. Er war dienstlich im Auto unterwegs. Als ich ihm über die Angelegenheit informierte, sagte er. „Er hat es bestimmt verlegt. Ich werde auf meiner Rückfahrt einen großen Umweg in Kauf nehmen und bei ihm nach dem Rechten sehen.“ Als ich meinem Vater den Besuch meines Bruders ankündigte, schien er sichtlich erleichtert. „Soll ich die Putzfrau anrufen und sagen, dass sie dazukommt?" „Nein, Vati, das ist keine gute Idee." Spät abends rief mein Bruder an. Er klang abgespannt. „Entwarnung! Alles gut!", sagte er. „Ich berichte dir morgen ausführlich. Jetzt will ich nur endlich nach Hause!" Am anderen Tag erfuhr ich, dass mein Bruder gemeinsam mit meinem Vater die Wohnung von vorne bis hinten und von oben bis unten durchsucht hatten. Dabei fanden sie viel lange Vermisstes. Das Sparbuch aber nicht. Als mein Bruder gerade die Wohnung verlassen wollte, sah er zufällig unter Vatis Mantel an der Garderobe eine lederne Herrentasche hervorlugen, die ihm zuvor nicht aufgefallen war. Als er sie durchsuchte, fand er darin, na was wohl? Das Sparbuch. Mein Vater hatte es einige Tage zuvor in dieser Tasche verstaut, weil er plante, demnächst Geld abzuheben. Dann hatte er das vergessen. „Stell dir vor, Vati hätte die Putzfrau des Diebstahls bezichtigt!", sagte ich. Mein Bruder seufzte: „Tja, alte Leute!" Mehr sagte er nicht.

Geschichten wie diese ereignen sich ungezählte Male in unserem Land und führen nicht selten zu ernsthaften Zerwürfnissen in Familien. Die Merkfähigkeit lässt im Alter ziemlich zuverlässig nach, wohingegen das Langzeitgedächtnis weiterhin erstaunlich gut funktioniert. An viele Erlebnisse aus ihrer frühen Jugendzeit können sich alte Menschen gut und detailliert erinnern. Mit meinem Kurzzeitgedächtnis scheint es auch irgendwie zu hapern. Oft gehe ich beispielsweise in der Küche los, um etwas aus einem anderen Raum zu holen, und bleibe dann auf dem Weg irritiert stehen, weil ich nicht mehr weiß, was ich eigentlich wollte. Ich gehe dann zurück in die Küche, genau wo ich herkam, und konzentriere mich auf das, was ich dort gerade tat, ehe ich startete.

In vielen Fällen funktioniert der Trick: Ich kann mich wieder erinnern. Wenn es um wichtige Dinge geht und ich sichergehen will, dass sie mir nicht ins Vergessen geraten, notiere ich mir wenigstens ein Stichwort. Das hilft mir sehr. Solche Notizzettel deponiere ich immer an derselben Stelle, wie übrigens auch Schlüsselbund, Portemonnaie und die Lesebrille. Diese Ordnung spart mir Zeit und Müh'. Sie bietet sich als sehr nützliche Hilfe an und könnte sogar schusseligen Jungen, die es zuhauf geben soll, dienlich sein.
Einem Bekannten, dem ich über mein Erinnerungsvermögen berichtete, meinte: „Hast du schon mal vom Türrahmen-Effekt gehört?“ Hatte ich nicht. Er klärte mich darüber auf, dass viel Menschen vergessen, was sie wollten, sobald sie durch einen Türrahmen von einem Zimmer in ein anderes gegangen waren.

Sofia klagt über Magenschmerzen. Sie hätte sie schon seit einiger Zeit. „Du musst vielleicht an deiner Ernährung etwas ändern. Oder du hast etwas gegessen, was nicht mehr in Ordnung war. In unserem Alter sollte jeder vorsichtig mit Lebensmitteln sein“, belehrte ich. „Ach, ich esse doch kaum mehr etwas! Du müsstest einmal sehen, wie viel ich abgenommen habe!“ Als mir Sofia auf Nachfrage berichtet, dass sie noch 75 Kilo wiegt, bin ich beruhigt. Viele alte Menschen essen nicht mehr, wie es sein sollte. Entweder haben sie keine Lust mehr zu kochen, finden die angelieferte Mahlzeit fade oder vermissen die Gesellschaft beim Essen. So wird es auch bei Sofia sein, denn als sie vor einiger Zeit gemeinsam mit ihren Kindern in Urlaub war, fand sie großes Gefallen an den gemeinsamen Abendessen in einem chicen Restaurant, wie sie mir begeistert erzählte. Im Gegensatz zu den alten Nicht- oder Wenigessern gibt es als Pendant die alten Genießer, die Genussmenschen Generation älter plus. Für sie ist jede Mahlzeit eine schöne Abwechslung im Tagesablauf. Eine Seniorin aus unserem Haus vertraute mir an, dass sie sich immer den Tisch hübsch decke und die Speisen appetitlich dekoriere. Mit kleinen Tomaten, mit Petersilie und mancherlei delikaten Kräutern. Ihr schmecke es immer bei ihr. Besonders am Sonntagmorgen. Da gäbe es stets ein weichgekochtes Ei und ein knuspriges Brötchen, „Ja", mischte sich an dieser Stelle schmunzelnd ein Mann mit schlohweißem Haar, der mit uns in der Aufzugkabine stand, in unser Gespräch ein. „Essen ist die Erotik des Alters."

Woher Sofias Magenschmerzen wohl kommen? Ich habe einen Verdacht. Jeden Morgen nimmt sie nämlich zum Frühstück statt Ei und Brötchen vier Tabletten zu sich. Könnte gut sein, dass ihr Magen das verübelt. Und das ist erst der Anfang ihrer Medikamentenzufuhr, die bis zum Abend anwächst. „Du weißt schon, dass jedes Medikament Nebenwirkungen hat?" „Also Jutta", empört sich meine Freundin, „das weiß heute nun wirklich schon jedes Kind!" „Hast du denn über die jeweiligen Wechselwirkungen gelesen?" „Die versteht doch kein Mensch!" Da hat Sofia nicht unrecht! Beipackzettel wie auch Gebrauchsanweisungen jeglicher Art allgemein verständlich zu verfassen, gehört offensichtlich zu den schwierigsten Aufgaben in der Welt. Nur ganz wenige beherrschen diese Kunst. Die meisten Menschen, ob jung oder alt, scheuen sich davor, die ellenlangen, kunstvoll gefalteten, in kaum zu entziffernder Mäuseschrift gedruckten Texte, die Medikamenten beigegeben sind, gewissenhaft und vollständig zu lesen. Die wenigsten können zudem alles verstehen, was das Geschriebene dem Nutzer mitteilen will. Auch vor dem Geduldsspiel, das lange Ziehharmonika-Papier nach einer Lektüre zusammenzufalten, sodass es wieder in die Medikamentenschachteln passt, kapitulieren viele und überantworten deshalb die Beipackzettel kurzerhand dem Papiermüll, was keineswegs sinnvoll ist. Ärzte haben in der Regel kaum Zeit dazu, als umfassende Aufklärer zu wirken. Ich bin daher froh darüber, den Apotheker meines Vertrauens gefunden zu haben, der mir kurz gefasst und geduldig, zudem für einen Laien verständlich, mitteilt, was auf dem Beipackzettel steht und was ich beachten soll. Da dieser Mann über alle mir verordneten Medikamente Bescheid weiß, macht er mich bei Neuzugängen auf mögliche Kollisionen mit vorhandenen Präparaten aufmerksam.

Es ist Herbst geworden, eine Jahreszeit, die ich am liebsten aus dem Jahresablauf streichen würde. Je älter ich werde, umso mehr schlagen dunkle Tage, Sturm und Nebel auf mein Gemüt. Ich starte dann ein Gegenprogramm mit viel künstlichem Licht in meiner Wohnung, wohliger Wärme vom Heizkörper und entspannender Musik. Von dem geliebten Kerzenlicht habe ich mich verabschiedet, da es mir die Luft zu stehlen scheint. Manche meiner Altersgenossen sprechen zu dieser Zeit von ihrer Herbstdepression, und selbst an jüngeren Gemütern gehen triste Herbsttage nicht spurlos vorbei. Ehe es kalt wird, müssten die Fenster noch geputzt werden. Als ich dieses Ansinnen an meine Haushaltshilfe stelle, sagt sie sofort: „Klar, ich erledige das am besten sofort.“ Schon ist sie bei der Arbeit. Ich schreibe derweil zwei Briefe und frage dann in Richtung Fenster: “Soll ich uns einen Kaffee machen?“ „Ja gerne!“, kommt es zurück. Der Kaffee dampft in den Tassen und duftet herrlich. Gerade will ich rufen, dass er bereitsteht, da kommt mit diversen Lappen, zusammengeknülltem Küchenpapier und Wassereimer meine gute Fee. „Fertig!“, sagt sie und strahlt mich an. „Das glaube ich jetzt aber nicht“, entgegne ich und schreite zum Einsatzort. Tatsächlich. Alle Scheiben blitzen vor Sauberkeit. „Das geht doch gar nicht in der Geschwindigkeit.“ „Bei mir schon.“ Natürlich geht das bei ihr. Bei mir ging das auch, damals, als ich 23 Jahre war. Heute aber hätte ich mich den halben Tag lang damit herumgequält. Und wahrscheinlich mit nur mäßigem Endergebnis. Körperliche Arbeiten strengen mich inzwischen sehr an. Auf Leitern zu steigen, traue ich mich seit langer Zeit schon nicht mehr. Meine Kinder haben es mir auch „streng verboten“. „Das ist zu gefährlich. Lass das bleiben!“ Wenn ich durch viele Geschäfte gegangen bin, auf der Suche nach etwas, was ich unbedingt besorgen muss, bin ich danach regelrecht kaputt. Dann lege ich mich daheim auf die Couch und schaue ein wenig in eine Fernsehsendung. „Nur ein bisschen die Beine hoch legen und den Rücken entlasten“, denke ich. Ich liege noch nicht richtig, da bin ich schon am Einschlafen. Manchmal höre ich mich, während ich wegdämmere, ordentlich schnarchen. Dann versuche ich mich noch einmal gegen das Einschlafen zu wehren und reiße die Augen weit auf. Ich sehe dann zwar die bunten Bilder auf der Mattscheibe, ich höre auch den Ton dazu, aber ich vermag nicht zu erfassen, worum es geht. Wenig später bin ich dann fest eingeschlafen. Ich erinnere mich an meine

Mutter. Bei ihr war es im Alter natürlich ebenso! Sie guckte generell nur TV-Sendungen, die sie sich vorher genau im Programmheft ausgesucht und markiert hatte. Bedauerlicherweise wurden die für sie interessantesten in der Regel – wie das heute auch noch so ist – erst sehr spät am Abend ausgestrahlt. Damit sie bloß nicht einschlief, bereitete sie sich eine Schüssel mit kaltem Wasser vor, in das sie pünktlich zum Beginn der Sendung ihre Füße stellte. Sie legte sich auch nicht hin, sondern setzte sich mit vielen unterstützenden Kissen im Rücken kerzengerade auf das Sofa. Derart gewappnet hoffte sie, die Sendung bis zum Ende verfolgen zu können. Zwar erlebte sie in der angespannten Aufmerksamkeit den Anfang der Ausstrahlung, schlief aber nach einer gewissen Zeit zuverlässig ein. Mit den Füßen im kalten Wasser und im Sitzen. Und sie ärgerte sich jedes Mal schrecklich darüber. (Wie hätte sie das Angebot einer Mediathek gefreut!) Auch meinem in hohe Jahre gekommenen Vater erging es nicht besser. Er, der begeisterte Fußballfreund, verschlief vor laufendem Fernsehapparat in hübscher Regelmäßigkeit die besten und schönsten Tore und das Ende von vielen Spielen. Ein Aufzeichnungsgerät besaß er leider nicht!
Die Schläfrigkeit alter Menschen hat ihre Ursache im geistigen und körperlichen Abbau. Sie kann darüber hinaus auch mit Medikamenten und Erkrankungen zusammenhängen. Ebenso, habe ich ausfindig gemacht, mit mangelnder Flüssigkeitszufuhr. Und ich denke, aufkommendes Desinteresse für ein Thema spielt wohl auch manchmal eine Rolle dabei.

Meine Nachbarin Elfriede, fast so alt wie ich, befindet sich seit einiger Zeit im Ausnahmezustand. Sie zieht um! Ihr Häuschen, das sie seit vielen Jahren alleine bewohnte, war ihr schon lange zu groß geworden, und die Arbeit, die es verursachte, zu viel. In wenigen anderen mir bekannt gewordenen Fällen konnte eine derart probate Lösung des Wohnproblems gefunden werden wie bei ihr. Ihre Enkeltochter wird mit ihrem Mann und deren beiden Kindern Elfriedes Haus übernehmen. Ein Glücksfall für die junge Familie. Er würde problemlos realisierbar, weil alle im selben Ort wohnen. Dennoch dauerte die Vorbereitung des Vorhabens etliche Wochen, vor allem deswegen, weil sich die alte Frau von ihren Habseligkeiten nicht so ohne Weiteres trennen konnte, etwas, was ich sehr gut nachempfinden kann. Elfriede hatte sich als neues Domizil ein Seniorenzentrum in der Innenstadt ausgewählt. Dort gab es eine Reihe von Zwei- und auch Dreizimmerwohnungen, denen eine Sozialstation angegliedert ist. Das bedeutete für Elfriede, dass sie einerseits ihre Selbstständigkeit behalten, andererseits aber, falls erforderlich, schnell Hilfe in Anspruch nehmen kann. Viele Geschäfte sind in der Nähe mit kurzem Fußweg zu erreichen, die städtische Bibliothek liegt ein Haus weiter, die nächste Bushaltestelle nur wenige Schritte entfernt. Elfriede ließ sich in dem Seniorenzentrum auf die Warteliste für eine Wohnung setzen. Das war vor vielen Monaten. Als sie schon gar nicht mehr glaubte, dass aus der Sache noch jemals etwas würde, kam überraschend die Nachricht, nun sei eine Wohnung frei. Wieder ein Glücksfall: Die Räume waren gut geschnitten, lagen in einer ihr genehmen Etage, ruhig und in der gewünschten Himmelsrichtung. Es gab ein behindertengerechtes Bad, einen Notruf, einen Balkon mit Blick ins Grüne, zwei Fahrstühle und auch eine Tiefgarage. Einen Stellplatz für ein Auto braucht Elfriede nicht mehr, aber sicherlich einer der jüngeren Mitbewohner, denn in der Wohnanlage sind Senioren bereits ab 50 Jahren willkommen. Damit wird für mich deutlich, wann das Seniorenalter in unseren Tagen beginnt: Ab 50 Jahren nämlich, weshalb gerne auch charmant schmeichelnd von der Generation 50+ gesprochen wird.

Als ich Kind war, habe ich die Bezeichnung Senioren für ältere und alte Menschen nicht gehört. Damals gab es Junge, Menschen im mittleren Lebensalter, Alte und sehr Alte. Sehr Alte wurden dann auch schon mal als Greise bezeichnet. Es gab Altenheime oder Altersheime. Geschönt nannten sie sich mitunter auch mal Feierabendhaus und was der blumigen Bezeichnungen mehr waren. Als die 70er Jahre des vorigen Jahrhunderts heranzogen, wurde das Wort *Senior/in* allgemein modern. Es bezeichnet ältere Menschen, denn es kommt aus dem Lateinischen, senior = der Ältere. Zuvor waren die Senioren nur in Firmen zu finden gewesen, in Familienverbänden und Vereinen. Es handelte sich dabei um Männer im Alter zwischen 45 und 60 Jahren. Sie waren das Gegenteil zum Junior. Bereits im 14. Jahrhundert wurden Männer dieser Altersgruppe als Senioren bezeichnet. Nach dieser Eingrenzung endet also das Seniorenalter mit 60 Jahren. Eigentlich. Was kommt danach? Wenn ein Senior, der Ältere, 60 Jahre geworden ist, müsste er danach logischerweise zum Alten werden. Ich möchte meinen, dass heute jemand, der mehr als 60 Jahre zählt und vermutlich noch im Berufsleben steht, allenfalls als Senior bezeichnet werden möchte. Doch ist einer, der in den Ruhestand geht oder schon ist, alt?

Das Schicksal, zum Senior zu werden, ereilt übrigens Sportler in sehr viel früheren Jahren. So um die 30. Das ist nichts Außergewöhnliches und bedeutet alles andere als „alt geworden“, sondern meint den Abschied aus dem aktiven Leistungssport.

Bettgymnastik

Sport zu treiben, wenn auch nicht jeden, zudem in einer einem alten Körper angemessener Weise, wird in unseren Tagen immerzu und überall gefordert. Zumindest regelmäßige Bewegung sollte es wenigstens für Ältere und Alte sein. Etliche Studien haben gezeigt, dass Bewegung nicht nur dem Körper zuträglich ist, sondern auch dem Gehirn. Sie regt die Lernfähigkeit und die Konzentration an. Bewegung fördert die Durchblutung des Gehirns und damit die Versorgung der Zellen. Bei mangelnder Bewegung hingegen reduziert sich die Konzentrations- und die Reaktionsfähigkeit.

Doch nicht allen ist sportliche Aktivität möglich. Krankheiten können sie zum Beispiel einschränken oder gar unmöglich machen. Dies jedoch sollte kein Hindernis sein, sich wenigstens ab und zu mal etwas in Bewegung zu bringen. Heimtrainingsgeräte (mit und ohne Motorunterstützung) bieten sich beispielsweise dafür an. Oder wie wäre es einfach mit Bettgymnastik? Johanna Quaas empfahl sie als eine probate Möglichkeit, um auf der Couch oder im Bett in Bewegung zu kommen. Sie geht so: Bauch anspannen, Füße kreisen lassen, hoch strecken, Zehen bewegen, spreizen. Arme strecken, Schultern hochziehen. Solche simplen Übungen sind freilich nichts für die Verkündigerin der Bettgymnastik selbst. Johanna Quaas ist nämlich im Guinnessbuch der Rekorde als älteste Wettkampfturnerin der Welt verzeichnet. Diese Frau, 1925 geboren, steht als ein Beweis dafür, dass Leistungssport auch in hohen Lebensjahren keine Zauberei ist. Für die nur 1,52 Meter große Sportbegeisterte ist „mal keinen

Sport zu machen, ein Unding". Als Turn-Oma wurde sie weltweit bekannt. Youtube zeigt sie rauf und runter. Sie ist nicht allein auf dem Feld der top-sportlichen Alten. Da wäre zum Beispiel Andrew Jamieson aus Australien zu nennen. Er wurde 2016 Weltsenioren-sportler und lehrte als Geher mit gleich drei Weltrekorden die Menschheit das Staunen. Noch ein paar Jährchen älter war die Japanerin Mieko Nagaoka, die im beachtlichen Alter von 82 Jahren den Schwimmsport für sich entdeckte. Das war nach einer Verletzung, und sie wollte wieder fit werden. 2015 gelang der Frau aus dem Land der Morgenröte dann ein Sieg im Freistil über 1500 Meter. Auf dem Rücken legte sie die Distanz in 1 Stunde, 15 Minuten und 54 Sekunden zurück. Im Alter von 100 Jahren. Die nimmermüde Rekordlerin verkündete: „Ich will bis zum Alter von 105 Jahren schwimmen, wenn ich so lange lebe."

Fast gleichaltrig, nämlich 101 Jahre, war Fauja Singh, als er 2013 beim Marathon in Hongkong startete. Seine Begeisterung zum langen Lauf hatte auch er erst in weit fortgeschrittenem Alter, mit 89 Jahren nämlich, entdeckt. Wie er angab, als er gerade in einer Lebenskrise steckte. Nachzulesen ist, dass er täglich 15 Kilometer läuft. Er nahm an mehreren Wettkämpfen über die Marathon-Distanz teil, und er trug vor den olympischen Spielen in London 2012 das Feuer. Daneben beeindruckte er vor einigen Jahren in einer Werbekampagne eines namhaften Sportartikelherstellers und natürlich bei all seinen Läufen mit seinem Durchhaltevermögen. „Laufen hält mich fit", erklärte er einmal seine sagenhafte Kondition. Als *Turbaned Torpedo* kennt ihn die Welt.

Im Alter von 104 Jahren wollte er es dann beim Mumbai-Marathon noch mal wissen.

Einen Traum erfüllten sich einige vom Basketball begeisterte Mädel jenseits des großen Teichs und gründeten eines Tages in der Senior Women's Basketball Association von San Diego das Team The Splash. Das ist nichts Besonderes? Auf den ersten Blick betrachtet sicherlich nicht. Das Besondere jedoch ist, dass alle Damen jeweils 80 Jahre und mehr zählen. In ihr Team nehmen sie nur Sportlerinnen auf, die ebenfalls mindestens 80 Jahre alt sind. Älter zu sein, ist dagegen kein Hindernis fürs Mitspielen. „Alter ist nur eine Zahl", klingt es aus den Reihen der alten Splash-Damen. Und sie setzen gleich noch einen Spruch obendrauf: „Du kannst nicht nur in einem Zimmer sitzen und fernsehen. Das ist ein Todesstoß." 2017 gehörten dem Basketball-Kader neun Frauen an. Darunter waren zwei 91 Jahre alt.
Auf dem Tennisplätzen machen die Senioren ebenfalls längst eine gute Figur. Es gibt in vielen Vereinen mittlerweile eine Kategorie 50+. Bereits im Jahr 2013 trat beim Internationalen Tennisturnier in Bad Honnef ein Spieler aus der Schweiz an. Mit 89 Jahren. Er verriet, dass er auch noch mit 90 aktiv dabei sein möchte.

Allen vieljährigen Sportlern setzte der 2013 gestartete Film „Sein letztes Rennen" ein Denkmal. Sein Inhalt: Paul ist über 70 und lebt in der Eintönigkeit eines Altenheims. Er erinnert sich auf einmal daran, dass er einst ein gefeierter Sportler war. Das war 1956 gewesen. Damals holte er bei den Olympischen Spielen in Sydney eine Goldmedaille. Paul lässt es nicht bei der

Erinnerung bewenden, sondern beginnt, eisern für einen Marathonlauf zu trainieren, für sein letztes Rennen. Als der Film gedreht wurde, ging Dieter Hallervorden, der die Hauptrolle spielt, hart auf die 80 zu.

In vielen Bereichen machen alte Menschen von sich reden, die nicht im Lehnstuhl sitzen, sondern äußerst aktiv sind, wie ich bei meinen umfangreichen Recherchen entdeckte. Zum Beispiel wird von einer Buchhändlerin berichtet. Helga Weyhe heißt sie. 95 Jahre ist sie und, soweit bekannt, die älteste Buchhändlerin in unserer Republik. Die Buchhandlung Weyhe besteht in Salzwedel, Sachsen-Anhalt, seit 177 Jahren. Helgas Großvater kaufte sie zu Bismarcks Zeiten 1871. Da war der deutsch-französische Krieg gerade vorüber. Seit 1945 ist Helga Weyhe bestimmende Frau über Ladengeschäft und Bücher. Es ist in der Hansestadt ein offenes Geheimnis, dass die Geschäftsinhaberin auch schon mal höchstpersönlich bestellte Bücher zu ihren Kunden liefert. 2017 erhielt die alte Dame, die Ehrenbürgerin von Salzwedel ist, den Sonderpreis des Buchhandels für herausragende Dienste.

Würde Ihnen ein junger Mann beiläufig erzählen, sein „Prof“ sei 92 Jahre alt, machte das gewiss neugierig. Vielleicht würde es mancher zunächst einmal gar nicht glauben wollen. Welcher Mann lehrt noch in diesem Alter? Er tut es. Es ist Wildor Hollmann. Wer ihn in Aktion erleben will, muss sich nach Müngersdorf im Westen von Köln zur Deutschen Sporthochschule begeben. Dort lehrt er, obwohl er bereits seit 1990 emeritiert ist, also im Ruhestand, Doch seine Lehr- und Forschungstätigkeit hat er beibehalten. So ist aus diesem Ruhestand mehr ein Aktivstand geworden. Rührig und motiviert war er schon immer. Seine Lehren, seine Forschungen, sein Management sowie seine Publikationen sind nicht nur in der Welt der Sportler und Mediziner bekannt, sie haben allgemein und weltweit Aufmerksamkeit und Anerkennung gefunden. Die Bedeutung der Wirkung von körperlicher Aktivität auf den Geist als probates Mittel gegen Alterung interessierte ihn besonders. Er unternahm dazu Studien und stellte dabei fest, dass untrainierte Probanden nach einem Ausdauertraining von nur wenigen Wochen bereits über eine erheblich bessere Leistungsfähigkeit verfügten. Hollmann sagte, so lese ich nach, dass ein Mensch nach seiner Überzeugung durch richtiges Training 20 Jahre lang gefühlt wie 40 Jahre bleiben könne. Diese Aussage korrigierte er dann noch dahingehend, dass er untertrieben habe. Der Mensch könne sogar 30 oder 40 Jahre lang wie ein 40jähriger bleiben. Da fällt sofort ein gegenwärtig vielzitierter Spruch ein: Die heutigen 60er sind die neuen 40er. Das Alter eines Menschen wird in den ihn lebenslang begleitenden Papieren dokumentiert. Doch daneben gibt es auch noch das biologische Alter. Beides muss nicht übereinstimmend sein. Alter, werde ich belehrt, sei nur zwischen 10 und 30 Prozent genetisch bedingt. Den Rest begründeten Verhaltensweisen, Lebensführung. Dennoch setzt das Zellsterben – den besten Verhaltensweisen zum Trotz – irgendwann jedem Menschenleben ein Ende. Die maximale Lebensspanne eines Menschen liege etwa bei 100 bis 120 Jahren, meinte der Direktor des Leibnitz-Instituts für Altersforschung in Jena, Karl Lenhard Rudolph. Nach einer neueren Meldung gehen israelische Forscher, die sich mit der Molekularbiologie des Alterns beschäftigen, inzwischen davon aus, dass diese Altersgrenze noch getoppt werden kann. Laut Chaim Cohen (Universität Bar Ilan): „...ist es möglich, dass Menschen die Grenze von 120 überschreiten und sogar 140 Jahre alt werden.“ Das ewige Leben auf Erden bleibt aber weiterhin eine Utopie. Was der Mensch aber tun kann, ist, ganz bewusst durch seine Lebensweise zu einer langen Lebensdauer beizutragen. Allein eine positive Einstellung zum Alter könne einen Gewinn an Lebenszeit von etwa 7,5 Jahren bringen, meint der Altersforscher Professor Sven Voelpel.

Ähnlich äußerten sich auch die Molekularbiologin Elizabeth Blackburn (2009 Nobelpreis) und die Gesundheitspsychologin Elissa Epel, die gemeinsam Forschungen zu den biologischen Grundlagen des Alters betreiben. Nach Ansicht der beiden renommierten Wissenschaftlerinnen ist es wichtig, das eigene Älterwerden wohlwollend hinzunehmen. „Die Sehnsucht nach Jugendlichkeit verhindert, dass wir uns selbst so akzeptieren, wie wir sind.“

Aktiv bleiben

Auf einem ganz besonderen Gebiet lebt sich Johanna Penski seit drei Jahrzehnten aus. Inzwischen ist sie 90 Jahre geworden. Sie kann sich rühmen, die älteste Komparsin Deutschlands zu sein. In wie vielen Filmen sie bisher mitwirkte, hat sie fein säuberlich notiert: 866 sind es. Zu sagen hatte sie auf der Leinwand so gut wie nie etwas. Dafür hörte sie aber mancherlei hinter den Kulissen.
Ihr Traum von der Schauspielerei erfüllt sich spät, als sie bereits 60 ist und pensioniert wird. Sie mimt von da an voller Begeisterung in Nebenrollen. Und dann geht auch noch einer ihrer Träume in Erfüllung: Sie begegnet Johannes (Jopie) Heesters, dem Schwarm ihrer Jugendzeit. Früher einmal war Johanna Penski Sportlehrerin, trainierte Handballer. Bis zum heutigen Tag macht sie daher selbstverständlich jeden Morgen Gymnastik und schwingt die Hanteln. Für neue Auftritte als schauspielernde Komparsin ist sie weiterhin und jederzeit offen.

Den Beruf als lebenslange Berufung sahen und sehen viele Künstler. Erinnert sei an den einmaligen, unvergleichlichen Udo Jürgens. Völlig überraschend riss der Tod ihn mitten aus seinem Schaffen heraus. Das war einige Tage vor Weihnachten im Jahr 2014. Er hatte gerade den ersten Teil seiner 25. Konzerttournee beendet. Längst im Rentenalter befindet sich auch eine Reihe von Schauspielerinnen, die ich zu unseren derzeit besten zählen möchte, und die, soweit mir bekannt ist, nicht ans Aufhören denken: Christiane Hörbiger, Hannelore Elsner, Senta Berger und ebenso „Nesthäkchen“ Iris Berben. Nicht wenige Künstler arbeiten lange über das übliche Rentenalter hinaus. Kreativität hält vermutlich jung und ist eine immerwährende Antriebsfeder für neues Schaffen und geistige Aktivität. Im Gegensatz zu jenen Zeitgenossen, die nur im Müßiggang ihren Ruhestand auskosten, geben andere im fortgeschrittenen Alter sogar noch mal richtig Gas. Unter vielen anderen etwa der Sänger Heino, der ungeachtet der Tatsache, dass er im Dezember 2017 80 Jahre alt wurde, gerne Neues und auch Anderes anpackt. Er scheint die Strapazen einer Tournee nicht zu scheuen.

Wie viele Menschen, die nicht im Rampenlicht stehen, und von daher weniger im Fokus der Öffentlichkeit, über ihr Ruhestandalter hinaus in Deutschlands Arbeitswelt weiterhin aktiv und von immensem Nutzen sind, vermag ich nicht abzuschätzen. Es dürfte ein großes Heer sein. Auf jeden Fall erfreut es mein altes Herz außerordentlich, dass in Zeiten des allgemeinen Jugendwahns ältere Herrschaften in vielen Wirtschaftsbereichen noch tätig sind. Sie bringen regelmäßig und mit unsagbarer Selbstverständlichkeit ihr angesammeltes Wissen, ihr Können sowie ihre unschätzbaren Erfahrung ein – und dies beileibe nicht nur im eigenen Unternehmen. So haben im vergangenen Jahrzehnt namhafte Firmen den Erfahrungsreichtum der Ruheständler genutzt. Etwa der Autobauer Daimler, das Unternehmen Bosch, die Otto Group in Hamburg sowie Fahrion Engineering. Auch er zählt zu den zurückgekehrten Pensionären, wenn auch nur auf Zeit: Josef Heynckes. Er sollte es richten. So hatten es sich die Verantwortlichen ausgedacht. So wurde es gemacht.

2017 holte der FC Bayern in seiner Not den Jupp als Trainer auf den Platz zurück: Der 72jährige kam, sah und ließ als erstes mal siegen. Schon ging es wieder aufwärts mit dem Fußballverein. Aber 2018, so hatte Heynckes von vorneherein ganz klar wissen lassen, wolle er dann wieder dorthin zurückkehren, wo er hergekommen sei. In seinen Ruhestand. Es scheint, dass es in unserem Land ohne die alten Herrschaften nicht immer und reibungslos vorangeht. Hut ab vor solchen Senioren! Zu ihnen ist unbedingt – wenn auch posthum – der stets unter Qualm stehende Helmut Schmidt zu zählen. Er wurde mit zunehmenden Lebensjahren immer weiser, aber keineswegs leiser. Mit mehr als 90 Jahren hielt er noch viel beachtete Reden und mischte sich ein.

Meine Augen brennen, und ich beschließe, für heute meine Schreibarbeit am PC zu beenden, weil, wie mir meine Mutter schon als kleines Kind beibrachte, dass allzu viel ungesund ist. Also schalte ich den Rechner aus und den Fernseher ein, um mich unterhalten zu lassen. Ich gerate mitten in eine Unterhaltungssendung hinein. Auf der Showbühne wiegt sich, umgeben von dance boys, wie sie das heute nennen, singend eine Frau in einem kurzen Rock. Sie hat eine wellige Löwenmähne. Das Lied kenne ich nicht. Wer ist das? Als ich meine Brille aufsetze, kommt mir das Gesicht der Frau irgendwie bekannt vor. *Na, taufrisch ist die Dame auch nicht mehr!*, denke ich, und etwas füllig ebenso. Dann wirft mir mein Gedächtnis auf einmal einen Liedtext ins Bewusstsein. „Ich will ‘nen Cowboy als Mann.“ Das ist doch! Ja, das ist sie! Wencke Myrhe aus Norwegen. In den 60er Jahren des vorigen

Jahrhunderts war sie ein großer Gesangsstar, heute würde das Superstar heißen. Mit 13 Jahren hatte sie ihren ersten Plattenvertrag in der Tasche. Im Februar 2017 ist sie 70 Jahre geworden. Offensichtlich noch keineswegs müde. Und ebenfalls kein bisschen leise.

Das Glück des Alters

Wenn ich von Besorgungen zurückkomme, mache ich häufig unterwegs eine Pause an einem großen Spielplatz. Ich kenne keinen schöneren als diesen! Er ist weit ausgedehnt und von Bäumen umstanden. Ein Wasserlauf führt an einer Seite hindurch. Aus dem Bereich mit hellem Sand ragt ein großes Schiff, das viele Möglichkeiten zum Klettern und Turnen bietet und zu fantasievollem Spiel anregt. Nur ganz selten ist der Platz kinderlos. Am Rand wurden Bänke gesetzt. Sie werden von Bäumen beschattet. Dort nehme ich oft Platz und schaue den Kleinen zu. Da sie nicht nur aus unserem Land kommen, sitzen auf den Bänken auch Mütter mit Kopftüchern oder dunkler Haut. Nur ganz selten habe ich gesehen, dass es unter den Kindern Streit gab. Meist herrscht Eintracht. Es ist daher eine unbeeinträchtigte Freude, sie zu beobachten.

An diesem Tag war es sonnig und angenehm warm. Daher schien es auf den Bänken keinen freien Platz mehr für mich zu geben. Schon wollte ich abdrehen, da winkte mich von ganz hinten ein Arm herbei. Ich gesellte mich zu der Gruppe auf der Bank. Zwei Frauen neben mir waren in ein Gespräch vertieft. Es waren vermutlich Großmütter, die zur Aufsicht des Nachwuchses zum Spielplatz mitgegangen waren. Ein kleines Mädchen mit blonden Zöpfchen kam angelaufen und warf sich in die Arme einer der Frauen. Ich erwartete, dass das Kind darauflos plappern würde, doch es sagte nichts. Es schien nur auskosten zu wollen, liebevoll hin und her gewiegt zu werden. Dann löste es sich wieder aus der Umarmung und verschwand. Die Frau erzählte ihrer Nachbarin, wie glücklich es sie mache, dass Marie jetzt für zwei Wochen bei ihr sei. Sie genieße es, die Kleine ganz für sich alleine zu haben. Sonst könnte sie mit ihr immer nur telefonieren, weil die Familie ihres Sohnes vor zwei Jahren einige hundert Kilometer weit fort gezogen sei. Der Beruf des Familienvaters hatte das gefordert. „Das ist die Kehrseite der mobilen Gesellschaft!“, sagte sie mit einem tiefen Bedauern.

Eine der innigsten Liebesbeziehungen, zudem eine der ganz besonderen Art, ist die zwischen Großeltern und Enkelkindern! Wohl keiner wollte das bestreiten. Die Verbindung zwischen Großeltern und Kindeskindern ergibt im Idealfall einen harmonischen Dreiklang. Dreiklang, weil drei Generationen davon profitieren: Eltern – Kinder – Großeltern. Er ist ganz sicherlich ein gutes und sinnvolles Programm der Evolution. Enkelkinder heutzutage haben es gut! Im Gegensatz zu früheren Zeiten müssen sie sich Oma und Opa nämlich nicht mehr mit mehreren Geschwistern teilen. Noch Anfang des 20. Jahrhunderts hatten die beiden Großelternpaare ungefähr sechs Enkelkinder. Jetzt gibt es für Großelternpaare oftmals nur noch ein einziges Kindeskind, was mitunter schon mal zu Rivalität und Eifersüchteleien führen kann.
Die Ansichten der heutigen Großeltern sind überwiegend zeitgemäß, oftmals sind sie sogar moderner als die der Eltern von den Enkelkindern. Großeltern besitzen eine Fülle von dem, was die Eltern nicht besitzen: allem voran Zeit. Des weiteren Ruhe und Geduld, Nachsicht, Gelassenheit und Weisheit. Für viele erwachsen gewordene Enkelkinder gehören rückblickend zu den schönsten Kindheitserinnerungen jene Ge-

schichten, die ihnen darüber erzählt wurden, wie es früher einmal war, wie ihre Eltern als Kinder und Schüler waren und was sie alles anstellten. Ist die Beziehung eines Elternpaares gefährdet oder gar gescheitert, können sich Großeltern zu aller Vorteil ausgleichend und aufbauend einbringen. Sie sind die Psychologen, sie sind die Vermittler, die Tröster mit den warmen, weichen Herzen. Äußerst positiv wirkt sich natürlich eine Wohnortnähe der Generationen aus, doch auch bei entfernteren Standorten können die familiären Verbindungen gut funktionieren. Die Beteiligten müssen es nur wollen und die Familienbande pflegen. Wer hätte vermutet, dass jedes Kleinkind regelmäßig in der Woche mehrere Stunden bei den Großeltern verbringt? Dahinter verbirgt sich wie selbstverständlich meist auch eine Dienstleistung: Oma und Opa als das beste „Kindermädchen" entlasten berufstätige Mütter und verhelfen ihnen zu Pausen im oftmals äußerst knapp getakteten Alltagsleben. Erstaunliches, sogar Unvermutetes ist für das Jahr 2011 erfasst und übermittelt. Damals trennte 40 Prozent der Kinder bis 16 Jahren höchstens eine Viertelstunde Fußweg vom nächsten Großelternteil, weitere 35 Prozent konnten Oma oder Opa innerhalb einer Stunde erreichen. Allerdings, so vermute ich, dürften sich diese Zahlen inzwischen nachteilig verändert haben. Ein Schweizer Soziologe befragte im nämlichen Jahr etwa 700 Schüler und 500 Großeltern in seinem Land zu ihrem Verhältnis zueinander. Ein großer Teil der Befragten auf beiden Seiten erklärte, dass ihnen die Beziehung zueinander wichtig sei. Bei uns ist es bestimmt ähnlich.

Großeltern der Gegenwart sind, sofern es ihre Gesundheit erlaubt, reisefreudig. Viele Enkelkinder profitieren davon. Sie dürfen frühzeitig mit hinaus in die weite Welt und werden in den meisten Fällen dabei ordentlich verwöhnt, viel mehr als daheim, wo die Eltern das herrliche Luxusleben ihrer Sprösslinge aus erzieherischen Gründen wahrscheinlich einschränken würden. Sind die Ansichten der älteren Generation zeitgemäß, holen sich die heranwachsenden Kindeskinder gern mal den Rat der Großeltern ein, spannen sie ferner als Fürsprecher ein, wenn es Probleme mit den Eltern gibt. Viele verborgene Talente der Enkel werden von den Großeltern frühzeitig entdeckt und nach Kräften gefördert. Auch der Grundstein für ein Hobby wird häufig bei und von den Großeltern gelegt. „Wie viel Spaß das Kochen und Backen machen kann, das habe ich von meiner Omi erfahren", verriet mir einmal eine junge Frau. „Meine Mutter hatte dafür weder Zeit noch Lust."

Großväter machen auch in unseren Tagen den Nachwuchs noch mit Werkzeug und dessen richtiger Handhabung vertraut, gehen mit den Enkeln angeln, zelten, Fußball spielen oder wenigstens Fußball gucken. Dabei zeigt sich noch häufig das klassische Rollenverhalten. Aber das nützt mehr als es schadet. Enkel haben in jedem Fall Vorteile von dem Umgang mit den Großeltern zu erwarten. Doch auch die Altvorderen gehen dabei keineswegs leer aus! Der Umgang mit der jungen Generation hält jung, bereichert, beschert Neues und schenkt den Älteren die Wärme, nach der sie sich sehnen. Wo Enkel in der Nähe sind, kommen Großeltern schneller mit den neuen Techniken zurecht. Das Lernen untereinander ist wechselseitig, vielseitig und bereichernd. Was aber, so meine ich, das Wichtigste ist, was Großeltern den Enkelkinder nahe bringen und für das ganze Leben „vermachen“, ist das Gefühl für Empathie, für Zärtlichkeit, das Gespür für Vertrauen, Achtung, Aufrichtigkeit und was andere wichtige, menschliche Werte mehr sind. Eltern mögen verzeihen, wenn ich die Behauptung aufstelle: Großeltern sind die besseren Eltern. Sie dürfen das auch sein.

Drei Monate lang hat die in Amerika lebende Fotografin Ivette Ivens das Zusammensein von Kindern und Großeltern mit der Kamera begleitet. Dabei ist eine Fotostrecke voller Innigkeit entstanden, der sie den Titel „Generationen“ gab. Ein Antrieb zu diesen Bildern war die logische Erkenntnis, dass der Zeitraum, den Enkel und Großeltern miteinander verbringen dürfen, begrenzt ist. Als die Fotos veröffentlicht wurden, war die Resonanz aus dem ganzen Land unerwartet groß.

Eigentlich ist die Großmutter in allen Ländern der Welt eine Person von solcher Bedeutung, dass ihr irgendwer irgendwo bestimmt bereits ein Denkmal gesetzt hat, dachte ich und begab mich danach auf die Suche. Ja, es gibt tatsächlich ein Grußmutter-Denkmal. Das steht am Eingang zum Großmuttertal, einem Naturschutzgebiet im Osten der Tschechischen Republik, hart an der Grenze zu Polen. Das Anfang des 20. Jahrhunderts errichtete Denkmal zeigt eine Großmutter mit ihren Enkeln, wie sie in dem Roman von Božena Němcová (1820-1862) beschrieben wurde. Das Tal, in dem die gutmütige Großmutter mit ihren Enkelkindern einst lebte, erhielt den Namen „Großmuttertal“. Es wird jährlich von Hunderttausenden Menschen besucht, und der Roman mit autobiografischen Zügen der Autorin gehört zum böhmischen Kulturgut. Doch weiter wurde ich bezüglich Großmutter-Denkmal nicht fündig. Es wundert mich über alle Maßen, dass sich bisher offensichtlich noch kein Bildhauer schöpferisch der Sache angenommen hat. Dafür aber bin ich ganz sicher, dass in unzähligen Menschenherzen lebenslang ein Großmutterdenkmal existiert.

Als ich aufwachte, war mir irgendwie sehr wohl zumute. Mir wurde auch gleich klar, warum. Meine auswärts wohnende Tochter befand sich auf dem Weg zu mir. Solche schönen Ereignisse erwecken immer gleich positive Gefühle in mir, wahrscheinlich geht es allen Menschen ebenso, alten besonders. Ich war schnell auf den Beinen, um mich anzukleiden und um alles vorzubereiten. Besuch im Alter kommt ja meist nicht mehr so häufig wie in früheren Jahren! Meine Tochter würde mit dem Zug eintreffen. Sie hat kein Auto und lebt auch sonst sehr umweltbewusst. Sie bemüht sich redlich, möglichst viele andere von ihrer Lebensweise zu überzeugen. Als sie bei mir eintraf, war sie etwas echauffiert. Das kam nicht allein vom Fußweg vom Bahnhof zu mir. Als wir dann bei einer Tasse Kaffee zusammensaßen, erzählte sie mir, was ihr für sie Unverständliches kurz zuvor passiert war. Als sie den Zug verlassen hatte, sah sie unter den vielen Ausgestiegenen eine alte Frau mit weißem Haar. Die mühte sich mit ihrem Gepäck ab. Offensichtlich war niemand da, der sie abholte. Hilfsbereit näherte sich meine Tochter forschen Schritts der alten Dame und wollte ihr mit den Worten: „Kann ich Ihnen behilflich sein?“, schon das größte Gepäckstück abnehmen. Die

Frau sah sie entsetzt an und rief: „Nein, nein, gehen Sie!“ Dabei fasste sie ihre Reisetasche noch fester und beschleunigte ihren Schritt. Meine Tochter war wie vom Blitz getroffen. Sie hatte es doch nur gut gemeint! Die Frau vermutete wohl, ihr würde gleich ihr Gepäck entwendet werden. Jetzt, während sie mir von der Begebenheit erzählte, stieg meiner Tochter die Röte der Erregung ins Gesicht. Ich beruhigte mein lange schon erwachsenes Kind und machte einen Versuch der Erklärung. Es ist bekannt, dass viele Menschen mit zunehmendem Alter misstrauisch und ängstlich werden. Vielleicht hatte die besagte alte Dame bereits unliebsame Erfahrungen gemacht, die sie derart abweisend hatten reagieren lassen. Wir gerieten danach in ein interessantes Gespräch darüber, ob Menschen im Alter ihre Persönlichkeit verändern. Ich hatte zu diesem Thema gerade in einem Bericht über eine Langzeitstudie gelesen und dabei erfahren, dass sich jeder vierte Mensch im hohen Alter noch einmal verändert und ganz andere Persönlichkeitsmerkmale annimmt. Es wird darauf verwiesen, dass Personen in der letzten Phase ihres Daseins das Leben offensichtlich neu bewerteten und daraufhin versuchten, sich zu ändern. Da fiel mir sofort die Erzählung „Die unwürdige Greisin“ von Bertold Brecht ein. Sie ist 1947 erschienen und hatte möglicherweise einen Bezug zu dem Geburtstag von Brechts Großmutter, als diese 100 Jahre alt wurde. Meine Tochter kannte die Geschichte nicht. Ich erzählte ihr deshalb knapp den Inhalt: Eine Frau führt über viele Jahrzehnte ein achtsames Leben. Sie hält das Haus in Ordnung, ist ihrem Mann eine brave Frau und ihren fünf Kindern eine fürsorgliche Mutter. Als ihr Ehemann stirbt, ist sie 72 Jahre alt und ändert sofort und komplett ihre Lebensweise. Sie schottet sich von ihrer Familie ab und sucht die Freundschaft eines Flickschusters mit schlechtem Ruf. Sie steht auch nicht mehr am Herd und kocht, sondern besucht regelmäßig ein Gasthaus, wo sie eine Mahlzeit einnimmt. Sie pflegt engen Umgang mit einem geistig beeinträchtigten Küchenmädchen, lässt sich mit der Kutsche fahren und reist zu Pferderennen. Sie spielt Karten und trinkt Rotwein. Sie, die früher nur fleißig arbeitete und sich einschränkte, genießt nun ihr zweites Leben in vollen Zügen. Das tut sie zwei Jahre lang, bis sie stirbt.

Wir sprachen dann noch lange darüber, wie alte Leute angeblich sein sollen: nämlich starrsinnig, geizig, mürrisch, gereizt, vergesslich... Ob das so ist, sei dahingestellt. Dass alte Menschen eine andere Lebens- und Verhaltensweise annehmen, kann eigentlich nicht verwundern und es verwundert in der Tat auch viele Menschen nicht. Bei einer Umfrage sagten 73 Prozent der 1000 Befragen, sie hielten eine Persönlichkeitsveränderung im Alter für normal. Warum aber verändern sich Menschen, wenn sie alt werden? Der Mensch ändert sich im Laufe seines Lebens kontinuierlich. Äußerlich wie auch in seinen Anschauungen und in seinem Verhalten, in seiner Wesensart. Viele bereits vorhandene Charakterzüge können sich dann verstärken. Im Alter nimmt vielfach das Interesse an der Außenwelt ab. Werte werden überprüft. Etwa die Einstellung zu materiellen Dingen. Alle Faktoren, die zu Veränderungen im Alter führen können, scheinen bislang noch nicht bekannt zu sein. Für mich ist auf jeden Fall nachvollziehbar, dass die Sicht auf das Leben im Alter eine andere ist als die in jungen Jahren.

Es ist oft die Rede von der Güte des Alters. Viele, die ein langes Leben mit seinem Auf und Ab hinter sich haben, verfügen darüber. Es ist ferner die Rede von der Weisheit des Alters. Diese hat zu allen Zeiten Männer und Frauen zu Richtung weisenden Personen gemacht. Die Ältesten sind und waren es in so gut wie allen Kulturen, die um Rat gefragt wurden und die Nachwachsenden belehrten. Ihnen wurde geglaubt, weil es logisch ist, dass einer auf dem Gipfel eines Berges mehr Übersicht hat, als einer, der sich noch auf dem Weg dorthin befindet. Menschen verändern sich im Laufe ihres Lebens natürlich auch aufgrund der seelischen Verletzungen, die sie erfahren haben und ebenso aufgrund körperlicher Leiden, die sie erdulden müssen. Einen tiefen Einschnitt mit vielfältigen Auswirkungen stellt der Verlust eines langjährigen Lebenspartners dar. Wenn ein gemeinsamer Lebensweg endet, bleibt für den Hinterbliebenen die Vereinzelung, mit der er zurecht kommen muss. Nicht allen Menschen gelingt das überhaupt, vielen erst nach langer Zeit. Dass solches allein gelassen sein nicht in folgenschwere Isolation und in die Einsamkeit führt, können vertraute Menschen verhindern. Früher waren es die Anverwandten in der Großfamilie, die seelsorgerischen und pragmatischen Beistand leisteten. Wo sie heute fehlen, greifen zuverlässig Bindungen zu Freunden, Bekannten, Gruppen und Vereinen sowie zu sozialen wie kirchlichen Einrichtungen.

Alleinsein ist nicht gefährlich, solange es nicht in Einsamkeit mündet. Menschen aller Altersklassen praktizieren hin und wieder das Alleinsein. Es wird beispielsweise zur inneren Einkehr genutzt, um sich zu sortieren, zu orientieren oder nur einfach zur Erholung, Dann ist es positiv. Alleinsein ist ein Zustand. Ein bewusst selbst gewählter. Einsamkeit hingegen ist das Gefühl, ausgegrenzt zu sein. Für jeden Menschen kann das bedrohlich werden, ihn verändern und krank machen. Ein probates Mittel dagegen gibt es: Aktivität und Kontakte. Erschreckend ist, was eine repräsentative Umfrage des Instituts für Demoskopie Allensbach ergab: Zwei Prozent der Deutschen erleben „Einsamkeit als Dauerzustand". Was nicht jedem bekannt oder bewusst sein dürfte ist, dass offensichtlich auch das Immunsystem auf Einsamkeit reagiert. Eine Metastudie ergab 2010, dass Menschen, die in keinen stabilen Beziehungen leben und sich einsam fühlen, im Schnitt früher sterben als andere. Einsamkeit, ist, so lese ich, schädlich wie Übergewicht oder der Konsum von 15 Zigaretten pro Tag. Einsamkeit ist keine lokal auftretende Erscheinung, sondern breitet sich in zivilisierten Ländern zunehmend aus. Daher erscheint es mir berichtenswert, dass im Januar 2018 in Großbritannien ein Ministerium für Einsamkeit seine Arbeit aufnahm. Grund dafür sei, so wurde mitgeteilt, dass die Einsamkeit eine Generationen übergreifende Herausforderung darstelle, die angegangen werden müsse. Schon jetzt lebt in England die Hälfte der mehr als 75jährigen allein. Ihnen fehlten oft über Tage oder gar Wochen soziale Kontakte, heißt es. Meiner Meinung nach wäre die Einrichtung eines vergleichbaren Ministeriums auch hierzulande sinnvoll.

Der Traum von der ewigen Jugend

Es ist irgendwie ungerecht: Bekommen Männer graue Schläfen und lichte Haare, werden sie als interessant bezeichnet. Frauen mit grauen Haaren hingegen heißen einfach nur – alt. Wenn Männer im fortgeschrittenen Alter etwas aus der Form geraten, werden sie zu imposanten Erscheinungen, Frauen hingegen müssen mit den Adjektiven füllig, mollig, üppig und dergleichen Vorlieb nehmen. Es ist kein Geheimnis, dass die meisten Menschen Schönheit mit Jugend verbinden. „Da wird gerne das eine mit dem anderen verwechselt", sagt dazu ein Gerontopsychologe. In der Regel bezeichnet Schönheit die Äußerlichkeit, doch Schönheit ist eigentlich ein Oberbegriff für sehr viele Eigenschaften. Mit der äußerlichen Schönheit kann ein alter Mensch kaum mehr punkten. Wie alles andere „Körperliche" altert vor allem – und deutlich sichtbar – die Haut, hier gerechterweise bei den Individuen beiderlei Geschlechts gleichermaßen. Die Hautalterung lässt sich zwar noch eine Zeitlang mit diversen Methoden und Mitteln übertünchen oder vertuschen, doch letztlich wird sie immer dem Diktat der Zeit unterliegen. Dennoch können auch alte Menschen schön sein. Es ist zwar etwas anderes, das sie schön erscheinen lässt. Es kann eine gute Figur sein, ein gepflegtes Äußeres, Charme, ein einnehmendes Wesens, beeindruckende Augen, Eleganz, Harmonie, die sie verbreiten. Es gibt sogar Menschen, die erst mit zunehmendem Lebensalter außerordentlich und anziehend werden, dann nämlich, wenn das Erlebte Linien und Zeichen in ihr Gesicht gegraben hat, wenn sie eine besondere Aura umgibt, die sie sympathisch und gern gesehen macht, wenn sie durch ihr ganzes Wesen und ihre Erscheinung beeindrucken. Naturbelassene Gesichter von Senioren stehen im krassen Gegensatz zu den künstlich veränderten, den gelifteten, deren Ziel es sein sollte, die Jugend zu erhalten, zu konservieren und die das Gesicht letztlich dann zu einer Maske werden lassen.

Der Traum von der ewigen Jugend dürfte so alt sein wie die Menschheit selbst. Heutzutage lebt davon eine Industrie vortrefflich. Die Regale in den Geschäften sind gut gefüllt mit diversen Produkten, die versprechen, dem Alter entgegenwirken zu können. Und nur allzu gern schenken wir solchen Versprechen Glauben. Zeitschriften sind angefüllt mit Antiaging-Tricks und -Tipps. Und wenn es Botox nicht schon gäbe, es müsste auf der Stelle erfunden und spornstreichs auf den Markt gebracht werden. Der Run nach Schönheit ist ein Trend, der derart mächtig ist, dass er inzwischen bereits Menschen im zarten Alter verführt. Sie, die Jugend und schönes Aussehen für eine kurze Zeit gepachtet haben. Sie, die mit der wunderbarsten, frischen Haut, welche die Natur zu schenken vermag, ausgestattet sind, fürchten bereits Alterungsprozesse und meinen, diese mit Gegenmitteln aus Tuben und Tiegeln für immer vertreiben zu können. Gerade den Teenagerjahren Entwachsene begeben sich sogar schon in die Hand von Schönheitschirurgen. Ganz offensichtlich sind nicht einmal die Schönsten der Schönen mit sich, vor allem ihrem Äußeren zufrieden. Ein Heer von Menschen ist geradezu panikartig auf der Flucht vor dem Fortschreiten der Zeit und den äußeren Zeichen davon an ihrem Körper. Folgerichtig rückt das Wort alt geradezu beängstigend in den Fokus der Öffentlichkeit, und es wird immer mehr zum allgegenwärtigen

Schreckgespenst. Jeder möchte vieles sein, nur eines möchte er garantiert nicht sein, alt. Dabei weiß jeder genau, dass auch er eines Tages mit Sicherheit alt werden und sein wird. Von dem Zwang zur Verjüngung sind längst auch die Herren erfasst worden. Etwa ein Fünftel derjenigen, die sich zu einem ästhetisch-plastischen Eingriff entscheiden, ist männlich. Besonders gefragt bei ihnen: muskulösere Brust, Fettabsaugen und Straffen der Oberlider. Unbedingt verraten werden muss, dass zunehmend ein Tuning für das beste Stück angestrebt wird.

Mittel gegen das Altern gab es – wen verwunderte das? – schon im Altertum. Allseits bekannt sein dürfte das regelmäßige Bad, das die schöne Ägypterin Kleopatra in Eselsmilch zu nehmen pflegte. Auch Nofretete sowie die Ehefrau des römischen Kaisers Nero und desgleichen Napoleons Schwester machten Gebrauch von solchen Schönheitsbädern. Diese Damen nutzten wohl ihr Wissen darüber, dass Eselsmilch gut für die Haut ist, denn sie enthält zahlreiche Vitamine, Proteine und wichtige Fettsäuen, weshalb sie ebenso als probates Mittel gegen vielerlei Erkrankungen der Haut Verwendung findet. Selbst in unseren Tagen wird Eselsmilch, das weiße Gold, wie es im alten Ägypten ehrfurchtsvoll genannt wurde, zum Baden und als Schönheitsmittel verwendet.

Seit langem schon wollen die Herren viel für ihr sympathisches Erscheinungsbild tun, koste es, was es wolle. Aus bescheidenen Anfängen einer Herrenkosmetik ist inzwischen eine bestens florierende Schönheitswelle geworden. Nicht mehr ein herber Männergeruch nach Schweiß, Leder und Pferden darf es heutzutage sein, sondern das Odeur einer gepflegten Männlichkeit, das den Träger sympathisch und authentisch macht. Schach den Ausdünstungen!, heißt die Devise und die Herren in unseren Tagen greifen beherzt in die Regale, in denen die Fülle der Kosmetikartikel für ihn wächst und wächst und mit der für die Frau mehr als nur konkurrieren kann. Der moderne Mann folgt damit, darin sei erinnert, nur den Vorbildern der Antike. Die teuersten Schönheitsmittel der jeweiligen Zeit waren schon den Vorfahren gerade recht, um damit die maskulinen Körper zu pflegen und so lange wie möglich jugendlich frisch zu erhalten. Es wurde beispielsweise im römischen Reich reichlich in Dampf gebadet, geduftet, gesalbt, massiert und in warmer, tönerner Erde geruht. Aus dem alten Ägypten, lese ich staunend, soll gar ein Antiaging-Rezept erhalten sein, das den verheißungsvollen Titel trägt: Einen Alten in einen Jungen verwandeln.

Seinen Beitrag zur Bewegung gegen das Altern möchte auch der Mediziner Sergio Canavero aus Italien leisten. Der mehr als 50jährige ist ein reichlich umstrittener Zeitgenosse und hat als Kopf-ab-Arzt weltweit die Wellen der Meinungen und Empörung hoch schlagen lassen. Er plant schon seit langer Zeit, den Kopf eines Menschen zu transplantieren, vordergründig, um dadurch körperlich Schwerkranken zu helfen. Sollte das gelingen, stünde jedoch in Zukunft einem „bedarfsgerechten Körperaustausch“ für jedermann/-frau, nichts mehr im Wege, heißt es. Und im Klartext bedeutete das: neuer Körper für den alten Kopf. Diese Vorstellung freilich dürfte bei den meisten Menschen statt Begeisterung eher einen Gruseleffekt hervorrufen.

Nach Prognosen des Statistischen Bundesamtes werden im Jahr 2035 Menschen über 50 Jahre etwa die Hälfte der Bevölkerung ausmachen, 2060 wird jeder Dritte 65 Jahre oder älter sein. Bereits 2013 kam jeder dritte Euro, der in Deutschland ausgegeben wurde, von einem mehr als 60-jährigen. Als Konsumenten führten die Alten lange Zeit ein Verbraucherdasein im Schatten. Das hat sich seit etwa zehn Jahren geändert. Die über 60-Jährigen verfügen mit 405 Milliarden Euro über fast ein Drittel der Kaufkraft in Deutschland. Konzerne und von daher auch die Werbung haben nun auch die Generation 50+ entdeckt, eine äußerst finanzkräftige und für den Markt daher attraktive und lukrative Käufergruppe. Nicht nur in Frauenzeitschriften wurden plötzlich Seniorenmodels auf den bunten Hochglanzseiten platziert. Firmen hatten erkannt, dass gerade reife Damen und Herren Sympathieträger/innen sein können, weil sie Gefühle wie Wertbeständigkeit, Vertrauen und Glaubwürdigkeit transportieren. Ein Aufschwung in der Modelbranche setzte ein. Schon frühzeitig, nämlich 1994, hatte eine Frau die Zeichen der Zeit erkannt, und sie eröffnete in München eine Model-Agentur. Keine gewöhnliche, sondern eine für Seniormodels. Daher erhielt die Agentur die Bezeichnung „Senior-Models“. Sie spezialisierte sich, wie der Name vermuten lässt, auf solche Models, die dem Jugend-Wahn-Alter um etliche Jahrzehnte entwachsen waren. Wie es heißt, soll diese Agentur die erste ihrer Art weltweit gewesen sein. Gegründet hat sie Christa Höhs. Ich kann mir gut vorstellen, wie damals ihre Idee und ihr Wagemut nachsichtig belächelt worden sein dürften, nicht für lange Zeit. Die Agentur-Gründerin, erfahre ich, wurde in New York als Model entdeckt. Zu dieser Zeit zählte die Dame bereits 50 Lenze. Als die Agentur-Newcomerin mit einem ihrer Models, grauhaarig und 52 Lenze zählend, einen viel beachteten Werbeerfolg für eine Weltmarke einfahren konnte, blickten nicht nur die Verbraucher interessiert auf und hin. Der Weg war plötzlich frei für Produktwerbung mit älteren Frauen für Frauen jeden Alters. Mit ihrer Agentur blieb Christa Höhs natürlich nicht lange allein im Land. Mittlerweile gibt es mehrere Agenturen dieser Art. Christa Höhs ist inzwischen in die Generation 70+ eingetreten. 2013 erhielt sie eine hochdotierte Auszeichnung. Ihr wurde der Deutsche Alterspreis der Robert-Bosch-Stiftung zuerkannt. Es handelt sich um eine renommierte und mit 60.000 Euro dotierte Anerkennung. In der Kartei der Seniormodel-Agentur in München sind mehrere Hundert Models im Alter bis zu 97 Jahren gelistet, in der Mischung zwei Drittel Frauen, ein Drittel Männer.

Fast gleichaltrig mit Christa Höhs ist Christine Telger, erfahre ich. Sie unterrichtete Musik und Deutsch, bis sie pensioniert wurde. Danach brach sie auf zu neuen Ufern und modelte. Christine Telger hat fünf Enkelkinder, geht regelmäßig ins Fitnessstudio und lernt nebenher mal gerade eben noch eine Fremdsprache dazu.

Unbedingt erwähnt werden muss noch eine Model-Ikone, deren Name wie Musik und deren Geschichte wie ein Märchen klingt: Carmen Dell'Orefice. Sie war 15 Jahre, als sie zum ersten Mal das Titelblatt der bekannten Modezeitschrift Vogue zierte. Zu dieser Zeit war der Zweite Weltkrieg gerade zu Ende gegangen. Entdeckt haben soll die blutjunge, bildhübsche Person zwei Jahre zuvor die Frau eines Fotografen in einem Bus in New York. Außer als Model arbeitete die hochgewachsene, schlanke Frau auch noch sehr erfolgreich als Schauspielerin. Das alles allein wäre schon außer-

ordentlich, doch es wird noch dadurch getoppt, dass diese Frau auch heute noch als Modell tätig ist. Das ist nichts Besonderes, meinen sie? Oh doch! Carmen Dell'Orefice wurde nämlich im Juni 1931 geboren. Bislang hat sie sich nicht zur Ruhe gesetzt. Sie hat es offensichtlich nicht einmal im Sinn. Sie führt die Riege der Seniormodels in aller Welt an, denn sie modelt seit mehr als 70 Jahren und soll noch immer über beneidenswerte Traummaße verfügen. Für ihre Verdienste in der Modewelt verlieh ihr im Juli 2011 The University of the Arts, London, die Ehrendoktorwürde. Von ihr soll der Ausspruch stammen: „Ich war in den vergangenen 25 Jahren auf mehr Titelseiten und in Magazinen als zuvor in meiner langen Karriere."
Auch Yasmina Rossi gehört in die Reihe der bewundernswerten Seniormodels. Die gebürtige Französin hat die 60 überschritten und ist zweifache Großmutter. Mit 20 Jahren begann sie zu modeln, doch erst mit 45 Jahren kam der Erfolg, den sie sich immer gewünscht hatte. Das war in Amerika, wo Yasmina auch heute noch lebt. Sie präsentiert Top-Marken, besticht durch ihre sensationelle Figur und ihr schönes, graues Haar. Zu dem Geheimrezept für ihr gutes Aussehen befragt, gab sie an, dass sie eigentlich nichts Besonderes tue. Sie habe schon immer Bio-Lebensmittel bevorzugt, pflege ihr Haar mit Rapsöl und gönne ihrer Haut einmal pro Woche ein Hautpeeling aus Olivenöl und Zucker. Das war es denn auch. Was selbst für junge Damen oftmals schon zum Problem wird, sich in knapper Badekleidung zu zeigen, bereitet ihr nicht die geringsten Schwierigkeiten. Im Gegenteil. In einem Interview äußerte Yasmina einmal, dass sie sich heute

mehr möge als vor 20 Jahren. Sie finde sich schöner und sie sei glücklicher.
Viel gibt es zu tun, wenn im Beruf nichts mehr zu tun ist, weil das Rentenalter erreicht ist! Von den diversen Aktivitäten der Generation 65+ profitieren viele Branchen, denn es wird gegärtnert, gewerkelt, gebastelt, gereist, im Internet gesurft und gelesen. Werden Menschen kurz vor ihrem Ruhestand gefragt, was sie demnächst mit ihrer vielen, freien Zeit anzufangen gedenken, bekommen manche von ihnen einen verträumten Blick und sagen nur ein Wort: reisen. Zu dieser Weltenbummler-Gruppe im fortgeschrittenen Alter gehören meine Nachbarn, die mich regelmäßig bitten, während ihrer Abwesenheit ihr Heim zu hüten und die Pflanzen darin zu pflegen. Ein bis zwei Mal im Jahr sind die Beiden allemal unterwegs. Es zieht sie in hübscher Regelmäßigkeit aufs große Wasser. Sie lieben Kreuzfahrten! „Da haben wir immer unser Hotelzimmer dabei, obwohl wir Länder und Städte ständig wechseln“, schwärmen sie. „Wir brauchen uns auch um nichts zu kümmern. Alles wird erledigt. Service total. Natürlich gibt es auch ausreichende ärztliche Versorgung an Bord. Das ist für ältere Menschen äußerst beruhigend.“ Von den ganz großen Schiffen halten meine Nachbarn allerdings nichts, wie viele Gleichaltrige und Gleichgesinnte ebenso. „Da ist zu viel Trubel angesagt.“ Daher stechen sie lieber auf kleineren Schiffen in See. Meist Richtung Norden. Neuerdings aber haben meine Nachbarn den Reiz von Flussfahrten entdeckt. „Im Norden waren wir ja schon überall!“ Obwohl, Island steht immer noch und immer wieder auf ihrer To-go-Liste. „Wir können uns an diesem wunderbaren Land einfach nicht statt sehen.“ Zu

dem Thema Kreuzfahrten und alte Menschen kam mir dann zufällig eine Geschichte unter, die für viel Aufsehen gesorgt hatte: Ein 86jähriger Mann wollte mit einem Kreuzfahrtschiff eines namhaften Unternehmens zum Nordkap reisen. Er packte seine Siebensachen und machte sich pünktlich von seinem Wohnort zum Einschiffen auf. Mutterseelenallein. Er war gerade kurz an Bord, als er einem sehr, sehr aufmerksamen Stewart auffiel. Der informierte den Schiffsarzt über den alten Passagier. Der Arzt soll, so las ich, den Mann dann untersucht haben. Danach wurde er von Bord gewiesen. Als dieses Ereignis publik wurde, da schlugen die Wellen aber hoch, zumal dem Rentner für die nicht angetretene Kreuzfahrt eine Stornogebühr in vierstelliger Höhe in Rechnung gestellt wurde. Letztlich endete die Sache jedoch gütlich, denn das Kreuzfahrtunternehmen zeigte sich einsichtig und generös. Es lud den Rentner zusammen mit einer Begleitperson auf Firmenkosten zu einer Kreuzfahrt zum Nordkap ein. Was lehrt diese Geschichte außer das Schmunzeln oder das Kopfschütteln? Ältere oder Alte, die eine Kreuzfahrt planen, tun gut daran, rechtzeitig für einen Gesundheitscheck beim Arzt zu sorgen und sich ihre Reisetauglichkeit von ihm bestätigen zu lassen. In den Reisebedingungen nämlich könnte zu lesen sein, dass sich das Kreuzfahrtunternehmen vorbehält, Gäste aus gesundheitlichen Gründen von der Fahrt auszuschließen.

Mehr als ein Drittel aller Urlaubsreisen wird in Zukunft von Menschen unternommen werden, die 60 Jahre und älter sind. Ein Marktforscher bezeichnet diese Generation als „Wachstumsmotor“. Die Reiseveranstalter offerieren daher längst spezielle Senioren- oder Service-Reisen, wobei die Angebotspalette besonders Alleinreisende ansprechen soll. Sie nämlich machen einen immer größeren Anteil unter den älteren Reisenden aus. Noch gar nicht oder nur unzureichend auf den Ansturm der Oldager vorbereitet sind, so beklagt ein Insider, viele Hotels, besonders im Ausland. Da wäre noch manches zügig zu tun. Es fehlten etwa Rampen an Portalen, behindertengerechte Bäder, breitere Türen und Gänge, höhere Bettgestelle und was der Annehmlichkeiten mehr wären. Seniorengerechte Sanierung sowie altersgemäßer Service dürften sich auszahlen, denn ältere Mitbürger ließen sich ihr Fernweh bereits in der zurückliegenden Zeit mehr als elf Milliarden Euro per anno kosten. Das ist weitaus mehr, als jüngere Familien für Reisen ausgaben, wie das Marktforschungsinstitut GfK 2014 in einer Statistik auswies. Im Gegensatz zu den Reisen der Jungen dauern die Reisen der Älteren länger. Manche Rentner sagen für die kalte Jahreszeit dem Heimatland nicht nur für Wochen, sondern gar für Monate Ade. Das Überwintern in südlichen Ländern liegt im Trend, bevorzugt auf der bei den Deutschen beliebten Mittelmeerinsel Mallorca. Aber auch das spanische Festland erlebt Jahr für Jahr eine Invasion von wintermüden Senior-Alemannen. In ihren Wohnmobilen bevölkern sie beispielsweise die Campingplätze an der Costa Brava, Costa Blanca oder Costa del Sol. Dann gibt es auch noch die ganz Entschlossenen, die ihren Wohnsitz komplett in ein Sonnenland verlegen. Laut dem Statistischen Bundesamt sind allein in Spanien etwa 226.000 EU-Ausländer von mehr als 65 Jahren gemeldet. Wie viele Deutsche tatsächlich dort leben, ist nicht genau bekannt, da nicht jeder von ihnen gemeldet ist.

Das Alter simulieren

Ich hatte meinen alten Vater zu einer Routineuntersuchung beim Arzt begleitet. „Wie geht es Ihnen?“, fragte der Mann im weißen Kittel. Darauf mein Vater: „Ach, Herr Doktor, wenn ich bequem sitze, könnte ich mit meinen Armen ganze Bäume ausreißen.“ So oder so ähnlich mögen es auch viele andere Senioren empfinden. Tatsache jedoch ist, dass mit zunehmendem Alter die Kräfte schwinden, die Muskeln abbauen, der Gang sich verlangsamt und unsicher wird, Hör- und Sehvermögen nachlassen. Noch weitere Einschränkungen gesellen sich meist schleichend dazu. Jüngere Menschen können sich solche körperlichen Unzulänglichkeiten nicht vorstellen. Um sie einmal nachempfinden zu lassen, wie es sich anfühlt, alt zu sein, wurden vor nicht allzu langer Zeit Experimente gestartet. Dazu zogen die jungen Probanden einen Alterssimulationsanzug an. Allein die Weste wiegt etliche Kilo. Dazu kommen weitere Gewichte, Gelenkblockaden an Knie- und Ellenbogengelenken, so dass letztlich viele Kilogramm den Körper belasteten und die Bewegungsfähigkeit deutlich einschränkten. Damit wurden einfache, alltägliche Verrichtungen, wie etwa das Bücken oder das Umdrehen, Aufstehen, Anziehen etc., erheblich erschwert. Eine spezielle Brille und Ohrschützer sorgten für Beeinträchtigung von Sehen und Hören in einem Maß ähnlich dem, wie sie alten Menschen bekannt sind. Hinzu kamen ferner spezielle Handschuhe, mit denen simuliert wurde, wie schwer es alten Menschen fällt, etwa Tabletten aus einer Packung zu nehmen, bestimmte Münzen aus dem Portemonnaie zu klauben oder ein Mobiltelefon zu bedienen. Das be-

grenzte Sichtfeld durch die Altersbrille zeigte den Versuchspersonen, dass es nicht nur schwer, sondern mitunter sogar unmöglich ist, klein gedruckte Texte vollständig zu lesen, ein erhebliches Handicap im Alltag. Kein Wunder, dass alle Probanden froh waren, sich nach dem Test der angelegten Simulationsgegenstände entledigen zu dürfen.
Mich stimmte der Versuch nachdenklich. Vielleicht gab er eine Erklärung für manche angebliche Rücksicht- und Lieblosigkeit der Jungen gegenüber Älteren und Alten ab. Keiner in jungen Jahren nämlich, mag er auch über noch so viel Fantasie verfügen, kann sich die vielfältigen altersbedingten Beeinträchtigungen wirklich vorstellen. Sie sind es aber, die vielfach im hektischen Getriebe unserer schnelllebigen Zeit zum Hemmschuh werden und schnell den Unmut von Jüngeren heraufbeschwören.
Auch die, die noch in der Blüte ihrer Jahre stehen, sollten wissen, dass sich bereits ab ungefähr 30 Jahren die Muskelkraft des Menschen ständig vermindert. Im Alter von circa 80 Jahren ist die Sehschärfe im Vergleich zu einem 20jährigen um 50 Prozent reduziert. Hinzu kommen in fortgeschrittenen Jahren Bewegungsunsicherheit, besonders beim Gehen, aber auch beim Greifen. Das Wissen um solche nachteiligen Veränderungen belastet dann auch die Psyche.

Nicht nur Erkenntnisse und Einsichten durch ein simuliertes Alters-Erleben brachte das Experiment jungen Menschen, es verdeutlichte auch, wie wichtig es ist, sich körperliche wie geistige Beweglichkeit so lange wie möglich zu erhalten, um auch im Alter mobil bleiben zu können. Das geschieht nicht durch einen

guten Willen, sondern bedarf eines stetigen Trainings. Es müssen keine groß angelegten Fitnessprogramme sein; moderate Körperertüchtigungen sind sinnvoll und erfolgreich. Je nach körperlicher Verfassung nützen schon regelmäßige Spaziergänge sowie das stetige Üben von Aufstehen, Bücken, Strecken in den eigenen vier Wänden. Mir kam da plötzlich die gute alte Morgengymnastik früherer Jahre in den Sinn, am besten an frischer Luft. Da sie häufig auf dem Balkon praktiziert und somit ungewollt zur Schau gestellt wurde, geriet sie zur Lachnummer. Aber sie ist alles andere als das!
An dieser Stelle erinnere ich mich an eine Talkrunde bei Markus Lanz. Zu Gast war unter anderen der allseits bekannte und beliebte Schauspieler Peter Weck (Ich heirate eine Familie). Er erzählte, dass ihm, dem Gealterten, eines Tages sein seltsamer Gang auffiel. Das war der Startschuss für seine späte sportliche Aktivität. 84 Jahre sei er damals gewesen.

Nach den Erfahrungsberichten mit dem Alterssimulator fiel mir auf, dass unsere Außenwelt eher etwas für junge Leute ist. Auch Geschäfte in unseren Tagen sind alles andere als altersgerecht gestaltet und machen den Einkauf für Senioren nicht zur reinen Freude, sondern lassen ihn eher zu einer Herausforderung werden. Warum eigentlich gibt es in Supermärkten Schnellkassen, an denen die sehr Eiligen durchpreschen können, aber keine Langsamkassen, an denen es niemanden stört, wenn das Auflegen der Ware auf das Band etwas länger dauert und das Zusammensuchen des Kleingeldes im Portemonnaie auch? Geradezu als paradiesisch dürften es ältere Menschen empfinden, würden ihnen ihre Einkäufe auf Wunsch eingepackt und fänden sie hier und dort in Läden eine Sitzgelegenheit zum kurzen Ausruhen. Solcher Service, der ziemlich sicher aus Gründen der knallharten Profitmaximierung nicht geboten erscheint, könnte sich auf lange Sicht doch auszahlen, denn es ist nicht die Generation der rasenden Jungen, die in naher Zukunft zahlenmäßig anwächst und mehr in die Kassen bringt, es ist die der Älteren und Alten.

In die Rubrik Langsamkeit der Alten gehört unbedingt diese Geschichte, die durch die Presse ging. Als ich sie las, kam es mir vor, als befände ich mich irgendwie im falschen Film. Ereignet hatte sich Folgendes im November 2017 in unserer weltoffenen Stadt mit Herz, in München, genauer gesagt, in einer der städtischen U-Bahnen. Dort fuhr die 78jährige Rentnerin Edit Dirkes. Sie kam vom Einkaufen und musste nur eine Station weit fahren. Der Zufall wollte es, dass genau auf dieser kurzen Fahrstrecke eine Kontrolleurin in dem Wagen, in dem sich die Rentnerin befand, ihre Runde machte. Warum das Edit Dirkes offensichtlich arg durcheinanderbrachte, ist unklar. Vielleicht war es einfach das Alter, das nun einmal schnell nervös und ängstlich werden lässt. Auf jeden Fall musste die Seniorin nach ihrem gewissenhaft gezogenen Fahrausweis verzweifelt suchen, als sie zu dessen Vorlage aufgefordert wurde. Zu lang, befand nach etwas mehr als einer Minute die Kontrolldame und händigte Edit Dirkes für Fahren ohne gültigen Fahrausweis kurzerhand eine Zahlungsaufforderung über 60 Euro aus. Noch während die Kontrolleurin im Wagen weiter ihrer Arbeit nachging, fand die Rentnerin dann doch den gesuchten Fahrschein. Zu spät, meinte die Prüferin eiskalt. Die Sache nahm im Widerspruch ihren Lauf zu der zuständigen Stelle. Es wurde alsbald seitens des Verkehrsunternehmens wortreich erklärt, dass und warum die Angelegenheit korrekt abgewickelt worden sei, und ein befragter Rechtsanwalt äußerte zum Sachverhalt, es gäbe für diesen Fall keine klaren Gesetzesvorgaben. Soweit so ungut. Schließlich beugte sich die Verkehrsgesellschaft dem Druck der empörten Öffentlichkeit. Edit Dirkes musste keine Strafe zahlen, sagte aber voller Vorwurf und öffentlich: „Ich habe mich wie eine Verbrecherin gefühlt."

Warum ich das alles erzähle? Darum: Wer alt ist und mehr als 60 Sekunden braucht, um seinen Fahrschein herauszusuchen, sollte offensichtlich keine öffentlichen Verkehrsmittel mehr benutzen. Er sollte viele andere Dinge ebenso wenig tun, für die er längere Zeit benötigt und damit zum Hemmnis für die noch schnellen Mitmenschen wird. Das Beste wäre vermutlich für alle, bliebe er daheim, wo er keinen aufhält und stört.
Gleichermaßen sprachlos machte mich dann eine andere Begebenheit, von der nur wenige Tage später aus Düsseldorf berichtet wurde: Ein 85jähriger, der jeden Morgen mit seinem Hund in der Nähe des Hauptbahnhofs spazieren geht, hatte sich unterwegs auf eine Wartebank an einer Bushaltestelle zum Ausruhen niedergelassen. Für genau acht Minuten, wie gewissenhaft aus einem Schreiben des örtlichen Ordnungsamtes an den Mann später hervorging. Dafür wurde er mit einem Bußgeld von 35 Euro belegt. In der Begründung hieß es „Sie benutzten die Anlage des ÖPNV an der vorgenannten Örtlichkeit nicht ihrer Zweckbestimmung entsprechend und nutzten diese als Ruheplatz." Soll

heißen: Da der Rentner auf keinen Bus wartete, durfte er auf der Bank nicht sitzen. Der Scan des Schreibens vom Ordnungsamt kursierte alsbald in den Netzwerken und entfachte einen Sturm der Empörung. Das Ordnungsamt ruderte zurück. Für die acht Minuten Sitzen auf der Bank musste der 85jährige dann doch keine Strafe zahlen. Ja, das alles ist Deutschland!

In meiner Klasse war ein Junge, der sich nur vor einem Fach fürchtete: Musik. In der Grundschule war die Musikstunde gleichzusetzen mit singen. Und singen wollte dieser Mitschüler partout nicht. „Ich kann nicht singen!“, sagte er. Auch zu unserer Lehrerin. „Das kann nicht sein“, antwortete sie ihm. „Du kannst sprechen, also kannst du auch singen.“ In der Tat war das, was der Junge gesanglich zustande brachte, nicht gerade ein Genuss für die Ohren, doch unsere Lehrerin, ein ältliches, geduldiges Fräulein übrigens, schaffte es, den des Singens Unwilligen nicht nur geschickt in unseren Chor einzubringen, es gelang ihr sogar, seine Freude am Singen zu wecken. Nach einiger Zeit konnte sich sein Gesang recht gut hören lassen.

Einstmals sangen die Menschen gern und vor allem öfter als heutzutage. Das möchte ich schlichtweg behaupten. Es liegt womöglich daran, dass es noch nicht immerzu und überall üblich war, singen zu lassen. Mütter beispielsweise sangen früher oft mit ihren Kindern. Am liebsten draußen, wenn gewandert wurde. „Das ist gut für die Lungen“, sagte meine Mutter immer wieder. „Froh zu sein bedarf es wenig, und wer froh ist, der ist König“, liebte sie besonders. Bald intonierten wir Kinder mit ihr den Kanon nahezu perfekt. Mir will scheinen, solche ursprüngliche Freude am Singen ist aus der Mode gekommen. Oder doch nicht? Ich finde Berichte über unzählige Chöre, und ich lese von Chören, in denen es vor Oldies nur so wimmelt. Da ist zum Beispiel von einer 82jährigen Chorsängerin die Rede, die erzählt: „Wenn ich singe, sind die Beschwerden, die das Altwerden mit sich bringt, wie weggeblasen“. Und weiter: „Singen hält mich in Schwung“. Das ist offensichtlich nicht nur ihre Meinung, denn mehr als drei Millionen Menschen singen in Deutschlands Chören, viele davon in Seniorenchören, wo das Alter der Sänger 55 Jahre und mehr ist. Motto: Wer regelmäßig singt, bleibt länger gesund. Kein Wunder also, dass Singen längst auch therapeutisch genutzt wird, wie zum Beispiel bei Alzheimer-Patienten als Zugang zu scheinbar verloren gegangenen Erinnerung oder bei Schlaganfall-Patienten zur Wiedererlangung der Sprachfähigkeit.

Singen müsste verordnet werden

Singen ist derart gesund und dem ganzen Körper dienlich, dass es eigentlich ärztlich verordnet werden müsste, stelle ich bei meinen Recherchen fest, denn es reguliert den Blutdruck, stärkt die Atmung und das Herz, löst Verspannungen, baut Aggressionen ab, vertreibt Ärger und Stress. Die Liste der positiven Wirkungen ließe sich lang fortführen. Doch was die meisten Sänger, vor allem die älteren, in die Chöre lockt, ist die Gemeinschaft, die Geselligkeit, die sie dort erwarten dürfen, ist die menschliche Nähe, die in unseren Tagen generell immer mehr abhandenkommt, ist das Teamwork. Mit anderen zusammen etwas zu gestalten, macht Freude und ist ein äußerst wirksames Mittel gegen die Einsamkeit.
Singen kann das Alter mildern! Dieser Meinung waren mit Sicherheit auch jene Herrschaften, die im Chor des britischen Seniorenheims „St. John's House“ sangen. Im Jahr 2013 gab es für sie einen Eintrag in das Guinness Buch der Rekorde, denn die Sänger waren im Durchschnitt 91 Jahre alt und brachten es als ältester Chor der Welt gemeinsam auf 1.180 Jahre. Das war fürwahr einen Eintrag wert.

Auf ganz großer Bühne beeindruckten 2012 beim 57. Eurovision Song-Contest in Baku, der Hauptstadt von Aserbaidschan, Buranowskije Babuschki, was auf deutsch nichts anderes als die Großmütter aus Buranowo (Dorf im russischen Föderationskreis Wolga) heißt. Sie sangen sich in ihrer Nationaltracht unaufhaltsam in der Vorrunde des Wettbewerbs auf den ersten Platz und im Finale auch weit nach vorne, auf Platz 2 nämlich. Unter den Babuschki – zu der Gruppe gehören übrigens im Heimatland neun Sängerinnen – trällert auch Gelina. Mit weit über 70 Jahren ist sie die älteste im Bund der seit langer Zeit singenden Großmütter. Bei demselben Sängerwettstreit trat noch ein anderer Oldie an und auf, der fast gleichaltrig mit Großmutter Gelina war. Engelbert Humperdinck, stolze 75 Lenze. Er ging für Großbritannien an den Start. Ihm jedoch war nicht das Glück eines großen Erfolgs beschieden. Aber es schien ihm auch mehr um das dabei sein zu gehen. Den Auftritt des vieljährigen Sängers und aller anderen Wettbewerbsteilnehmer verfolgten mit Augen und Ohren rund 120 Millionen Fern-Seher in der ganzen Welt.

In dem Jahr, als Alice Herz in Prag geboren wurde, war in Deutschland Wilhelm II. an der Macht, wurde der englische König Edward VII. Kaiser von Indien, und zu dieser Zeit ahnte noch niemand, dass in naher Zukunft zwei Weltkriege Tod und Schrecken bringen würden. Mit drei Jahren begann sich das kleine Mädchen für das Klavierspiel zu interessieren und erhielt zwei Jahre später Unterricht an dem Instrument. Sie war noch ein Kind, als sie in dem Haus ihrer Eltern Sigmund Freud und die Schriftsteller Franz Werfel, Franz Kafka und Max Brod kennenlernte. Ihr Berufsweg schien vorgezeichnet: Pianistin. Sie wurde wirklich Pianistin und wurde bekannt. Sie heiratete Leopold Sommer. Er war Geiger. 1937 kam Sohn Raphael zur Welt. Alles hätte wunderbar weitergehen, können, wäre nicht 1939 die deutsche Wehrmacht in Prag einmarschiert. Es begannen schlimme Zeiten für die junge Frau und ihre Familie, denn sie hatten jüdische Wur-

zeln. Ihre Eltern wurden in Auschwitz ermordet, sie wurde mit ihrem sechsjährigen Sohn nach Theresienstadt deportiert. Im Lager gab sie 100 Konzerte. Die beiden überlebten. „Musik rettete mein Leben“. So lautet der zweite Teil des Titels der 2013 erschienenen Filmbiografie „The lady in Number 6“. Dieser Film wurde preisgekrönt.
Alice zog 1985 nach London, wo sie am 28. Februar 2014 verstarb. Sie war 110 Jahre alt geworden und galt als älteste Pianistin der Welt. Bis zuletzt blieb sie ihrer großen Liebe, der Musik, treu. Sie spielte täglich Klavier. Nachdem zwei ihrer Finger steif geworden waren, gelang es ihr durch viel Übung, mit den verbliebenen meisterhaft zu spielen. In einem Interview, das sie einer Zeitschrift ein Jahr vor ihrem Tod gab, sagte sie: „Ich weiß vom Schlechten, aber ich suche nach dem Schönen.“ Was für eine Frau!

Natürlich muss Alice Herz-Sommer als ein Ausnahmemensch eingestuft werden, sowohl, was die Länge ihres Lebens, als auch, was ihre Biografie anbelangt. Doch es gibt weitere dieser besonderen Zeitgenossen. Etwa der weltberühmte Geigenvirtuose Yehudi Menuhin, der bis ins hohe Alter nicht nur sein Instrument spielte, sondern damit auch unermüdlich zu Gastspielen reiste und sich darüber hinaus vehement für humanitäre Zwecke einsetzte, besonders für die Menschenrechte. Mit 82 Jahren starb er in Berlin an Herzversagen. Er befand sich gerade auf einer Deutschlandtournee.

Erwähnen möchte ich unbedingt Mick Jagger, den Sänger und Songwriter der Rolling Stones, der bereits zu Lebzeiten zur Legende geworden ist. Mit seinen 75 Jahren wirbelt er wie ein Derwisch immer noch vor einer riesigen Schar von begeisterten Zuhörern über die größten Bühnen der Welt. Das hält er locker zwei Stunden und mehr durch, als stünde er am Anfang seines Lebens. Hätte das Alter nicht auch ihm das Gesicht mit Falten belegt, der rockende Nimmermüde könnte für eine Wiedergeburt gehalten werden. In die Reihe weltbekannter Sänger, die nicht zu bremsen sind, gehört ferner Rod Stewart, der ebenfalls die Strapazen einer Auslandstournee nicht scheut. Und das mit mehr als 70 Jahren. Ich bin ganz sicher, wären die Beatles als Gruppe noch komplett, auch sie würden immer noch durch die Welt touren, Paul McCartney zeigt mit seinen 76 Jahren zumindest keine Anzeichen, das Tourneeleben aufgeben zu wollen. Die berühmte Joan Baez, die gerade ein neues Album herausgebracht hat, tourt 2018 und 2019 durch Europa und Amerika. Mit 77 Jahren. Aus dem deutschsprachigen Raum ist, so höre ich, Peter Kraus 2018 wieder auf Tournee. Hart auf die 80 Jahre geht der beneidenswert schlanke bewegungsfreudige Sänger inzwischen zu. Der Kreis der agilen Rock-Urgesteine im weit fortgeschrittenen Alter ließe sich noch mühelos erweitern. Ob sie alle einfach nur nach Rampenlicht und Applaus süchtig sind und deshalb nicht aufhören können, wie einer meiner Bekannten vermutet, wage ich nicht zu beurteilen.

Die beiden alten Damen saßen im Wartezimmer einer Internisten-Praxis nebeneinander und unterhielten sich flüsternd. Es ging um das Leben, wie es früher einmal war: „Mittlerweile habe ich viel mehr Bekannte und Freunde unter der Erde als darüber!“, sagte die eine. In ihrer Stimme schwang etwas mit, das Melancholie, aber auch anderes sein konnte. Wie ihr ergeht es vielen Betagten. Je höher sie auf der Altersleiter steigen, umso lichter werden die Reihen der vertrauten Personen. Ein Einschnitt von immenser Tragweite ist der Tod des Lebenspartners. Von diesem Ereignis erholen sich viele alte Menschen nur schwer, manche gar nicht. Wenn eine über viele Lebensjahrzehnte bestandene enge Gemeinschaft auseinandergerissen wird, ist nicht in jedem Fall ein soziales Netz vorhanden, das auffängt. Das plötzliche Alleinsein kann dann in Vereinsamung und Depression führen.

Die Anzahl der Alleinstehenden in Deutschland wächst rasant an. Bereits jetzt leben 16 Millionen Deutsche allein. Es wird damit gerechnet, dass die Zahl der Einpersonenhaushalte bis zum Jahr 2030 auf 80 Prozent ansteigen wird. Etwa 40 Prozent davon, so das Statistische Bundesamt, betrifft dann Menschen von mindestens 60 Jahren. In der Lebensphase 65+ ist die Zahl der allein lebenden Frauen doppelt so hoch wie die der gleichaltrigen Männer. Wenn das Alleinsein in Einsamkeit führt, kann es krank machen. Die Seele und den Körper. Einsamkeit, so lese ich, ist ebenso ungesund wie der Konsum von 15 Zigaretten pro Tag, wie Übergewicht und schwächt das Herz sowie das Immunsystem. Das Statistische Bundesamt hat ferner ermittelt, dass ungefähr 16 Prozent der 80jährigen einsam sind. Die Suizid-Rate bei alten Menschen ist auffallend hoch. Das ist kein Novum, sie ist bereits seit hundert Jahren so hoch. Jede zweite Frau, die den Freitod wählte, war mehr als 60 Jahre alt. In dieser Altersgruppe ist der Anteil an Selbsttötungen höher als in jedem anderen Lebensalter. Suizid, wird gesagt, gehöre zu den „Phänomenen des höheren Lebensalters“.

Das probate Mittel gegen die Einsamkeit im Alter wird noch gesucht. Möglichkeiten, der Einsamkeit zu entfliehen, ihr zumindest entgegenzuwirken, werden jedoch in vielerlei Form angeboten. Neue Wohnformen wären zu nennen, Selbsthilfegruppen, ehrenamtliche Tätigkeiten für Rentner, Besuchspartnerschaften, Vereine. All dieses Bemühen jedoch vermag nicht die positive Wirkung auf alte Menschen zu ersetzen, wie sie die eigenen Familienmitglieder erzielen. Das Auseinanderdriften von Familienverbänden zeigt immer mehr eine fatale Wirkung, besonders im Alter.

Es war einmal in Amerika. Es war Anfang 1960. Da entstand unter ewiger Sonne mitten in der Wüste eine Siedlung. Sie war nur für Menschen gedacht und gemacht, die mindestens 55 Jahre zählten. Ihr schöner Name: Sun City. Dort sollten die Senioren fortan ein behütetes und angenehmes Leben im fortgeschrittenen Lebensalter führen. Die Initialzündung zu solchem Vorhaben war vom amerikanischen Staat gekommen, der seit 1956 mit einem Gesetz (Housing Act) den Bau von Altenwohnungen mit Darlehen förderte. Zu dieser Zeit bestand jedoch bereits eine Rentner-City, Youngtown geheißen. Doch erst Sun City in Arizona wurde zum Renner. Dieser Ansiedlung folgten bald weitere, ähnliche und in vergleichbarer klimatischer Lage, darunter die bald boomende Stadt „The Villages“ in Florida, die bereits 2012 Großstadt-Niveau erreichte. Einige sehen in solchen Ansiedlungen Paradiese für Ältere und Alte, andere Ghettos für sie. Der Ghetto-

Charakter lässt sich nicht von der Hand weisen, denn die Städte für Alte sind nicht frei zugänglich, sondern sie sind eingefriedet. An den Pförtnern kommt nicht jeder vorbei. Dafür, sagen die Befürworter, gibt es innerhalb der Mauern so gut wie keine Kriminalität, aber alles, was ein Rentnerleben schön, bequem und erquicklich machen kann. Die Einwohner bewegen sich kommod mittels Golfwägelchen über die Fahrbahnen und beileibe nicht immer nur zum Golfplatz, sondern auch zu anderen Lokalitäten hin. Nicht allein Sport und Spiel gestalten den Alltag der Stadtbewohner abwechslungsreich, das Freizeitangebot ist vielseitig, die Zahl der Lokale lässt sich sehen. Krankenhäuser und ein Heer von Ärzten und Pflegekräften bemühen sich um die Einwohner, deren Durchschnittsalter bei etwa 74 Jahren liegt. 2013 hatten in Sun City bereits mehr als 100 Bewohner das magische Lebensalter von 100 Jahren erreicht. Wer um die 60 Jahre alt ist, zählte dort zu den Jungen. Viel Abwechslung gibt es. Nur eines gibt es nicht: Kinder. Ihnen wird ein Besuchsrecht bei ihren Verwandten für eine begrenzte Dauer einmal pro Jahr eingeräumt. Auch Friedhöfe soll es in den Städten für Alte nicht geben. Dafür aber glänzt eine stadteigene Polizei. Dass solch ein behütetes Leben in klimatisch begünstigten Regionen seinen Preis hat, dürfte klar sein. Daher wird für einen Großteil der amerikanischen „kleinen" Rentner das irdische Paradies in einer dieser Ansiedlungen verschlossen sein und bleiben.

Wie sich das Leben im Alter gestaltet, gestalten lässt, hängt von vielen Faktoren ab. Ein wesentlicher davon ist, wie viel Geld zur Verfügung steht. Auch hierzulande können es sich Rentner, so sie es wünschen, in luxuriösen Senioren-Residenzen, die über Standards von Erste-Klasse-Hotels verfügen, gut gehen lassen. Dazu jedoch muss unabdingbar das entsprechende finanzielle Polster vorhanden sein. Und dies muss ein sehr solides Polster sein, über das bei weitem nicht alle Ruheständler verfügen.

Die Überalterung unserer Gesellschaft ist keine Entwicklung, die uns überraschend ereilt, sie war seit Jahrzehnten absehbar. Daher fragt sich mancher, warum der Staat sich nicht rechtzeitig umfassend darauf vorbereitet hat. Ende 2013 waren 17 Millionen Deutsche 65 Jahre und älter, was anders heißt, ungefähr jeder Fünfte. Es gibt weitere interessante Zahlen. Derzeit ist nach den Zahlen des Statistischen Bundesamtes etwa jeder siebte mindestens 65-Jährige von Altersarmut betroffen. Die Prognosen für die nächste Zukunft zeichnen ein düsteres Bild: Im Jahr 2036 könnte die Altersarmut auf 20,2 Prozent ansteigen, was bedeutete, dass dann jeder fünfte mindestens 67-Jährige betroffen wäre. Altersarmut bedroht alle, die weniger als 60 Prozent des mittleren Einkommens der Bevölkerung zur Verfügung haben. Schon lange steht die Altersarmut im Kreuzfeuer der Diskussion und wird vielfach als ein erschreckendes Armutszeugnis für ein wohlhabendes Land, wie es Deutschland ist, gebrandmarkt!

Wohin, demoskopisch betrachtet, demnächst die Reise auch bei uns gehen könnte, zeigt ein Blick auf das vergreisende Japan. Dort machte Anfang 2017 der Anteil der Altersgruppe jenseits von 65 Jahren bereits mehr als ein Viertel der Bevölkerung des Landes aus.

Die Gesamtzahl der Einwohner reduzierte sich zudem zum achten Mal in Folge. Die Regierung bemüht sich deshalb intensiv darum, junge qualifizierte Fachkräfte aus dem Ausland ins Land zu holen, um einen drohenden Rückgang des Wirtschaftswachstums wenigstens abzufedern.

Eine mir gut bekannte Bewohnerin unseres Haus hat mir von einer Sendung im Fernsehen erzählt. „plan B/Arme Rentner – reiche Rentner: Wege aus der Armutsfalle“ sei der Titel der Dokumentation gewesen. Das ZDF habe sie ausgestrahlt. Sie hätte sich das Wichtigste extra auf einem Zettel notiert. „Damit ich das nicht vergesse.“ Ich sollte mal schauen, ob ich den Beitrag in der Mediathek noch finden könnte. „Wenn du das siehst und hörst“, sagte sie empört „fragst du dich, warum wir Alten in Deutschland derart die Dummen sind!“ Es ging um Renten anderswo. Ich informierte mich also über die Altersbezüge in unseren Nachbarländern Niederlande und Österreich und erfuhr als erstes, dass die Bürger im Alpenland wesentlich mehr Rente bekommen als die Bundesdeutschen. Die durchschnittliche Bruttorente übertrifft die deutsche Durchschnittsrente um ein Drittel. Hinzu kommt, dass die Rente vierzehn Mal im Jahr gezahlt wird. Und: Die Österreicher können zudem früher in Rente gehen als hierzulande. Auch die niederländischen Rentner haben es finanziell besser als unsere. In dem erwähnten TV-Beitrag erzählt eine fidele Ruheständlerin aus Holland von einer Mindestrente von 1140 Euro im Monat. Zudem lese ich, dass darüber hinaus auch noch ein kleines Urlaubsgeld pro anno gezahlt wird. Als ich mich näher mit den Rentensystem der beiden Länder befasse, erfahre ich zum Beispiel, dass in Österreich Selbstständige und Beamte in die Rentenkasse einzahlen müssen, dass der Rentenbeitragssatz 22,8 Prozent, statt 18,7 Prozent wie 2017 in Deutschland, beträgt, dass ein Österreicher 15 Jahre lang in die Rentenkasse eingezahlt haben muss, bevor er Leistungen beziehen kann, wohingegen die Mindestwartezeit in Deutschland nur fünf Jahre beträgt und dass die demografische Situation bei den Nachbarn eine andere ist als hierzulande. In Österreich kommen auf einen Bürger im Rentenalter 3,4 Menschen im erwerbsfähigen Alter, bei uns ist das Verhältnis hingegen 1: 2,9. Punkten kann die Alpenrepublik aber auf jeden Fall mit dem Renteneintrittsalter. Es liegt für Frauen bei 60 Jahren und wird erst ab 2024 langsam angehoben. Trotz der unterschiedlichen Rentensysteme, sowohl was die Rahmenbedingungen als auch was die Finanzierung betrifft, will es scheinen, dass die Rentner in unseren Nachbarländern einen unbesorgteren, angenehmeren, weil finanziell besser gestalteten, Lebensabend verbringen können. Von Altersarmut in den beiden genannten Nachbarländern habe ich in allen einschlägigen Berichten nichts gelesen. Bei uns umso mehr. Jeder zweite hierzulande fürchtet sich bereits jetzt angeblich davor, was schon sehr betroffen macht. Von der Hand zu weisen ist die Gefahr nicht, hat doch der Vorsitzende der Tafel, Jochen Brühl zum Ausklang des Jahres 2017 darauf verwiesen, dass die Zahl der Rentner, die bei der Tafel kostenlos Lebensmittel abholen, sich in zehn Jahren verdoppelt hat. Auch das kann nur nachdenklich und sogar besorgt stimmen!

Meine Freundin Sofia hat Besuch. Über mehr als 500 Kilometer ist ihr Enkel nach langer Zeit angereist. Till ist knapp 14 Jahre alt und steckt mitten in der Pubertät, wie sie mir gleich nach seiner Ankunft berichtet. „Er ist ziemlich besonders!", sagt sie orakelhaft. Der Tonfall ihrer Stimme verrät mir, dass sie bereits jetzt ganz schön entnervt ist. Danach meldet sich Sofia lange nicht. Als ich mich schon zu wundern beginne, ruft sie endlich an. Erschöpft erscheint sie mir. Doch wohl nicht wegen eines 14-Jährigen, denke ich. Das kann ja nicht sein! Da sprudelt es aus ihr hervor. „Du kannst dir nicht vorstellen, was er für Ansichten und Ansprüche hat!" Doch, das kann ich mir gut vorstellen, denn ich wohne direkt neben einer Schule und bekomme dadurch fast täglich viel von dem mir etwas sonderbar anmutenden Leben unserer Junioren mit. Zum Beispiel sehe ich voller Erstaunen, wie sie in Gruppen fast immer sprachlos im Pausenhof eng beieinander stehen, alle den Blick synchron auf ein Smartphone in ihrer Hand gerichtet. Viele Finger flitzen lautlos scrollend in diesem Schweigen über die Displays. Mitunter beobachte ich auch, wie Mütter am Straßenrand auf dem Fahrersitz ihrer bulligen SUV in stoischer Gelassenheit ausharren, um ihre Sprösslinge sicher nach Hause chauffieren zu dürfen. „Er meint, dass die ganze Welt ihm allein gehöre!", klagt Sofia in die Leitung und meint ihren Pubertierenden. „Nur tun will er nichts! Er lässt sich von hinten und vorne von mir bedienen. Alles ist ihm nicht gut genug. Und wie er redet!" Dann macht Sofia eine Sprechpause. Danach fragt sie mich: „Sag mal, waren wir früher auch so?" Da kann ich ihr ganz schnell antworten: „Nein, wir waren nicht so!" Aber wir waren auch anders als unsere Eltern.

„Sofia, das waren früher andere Zeiten. Uns steckte der Krieg noch in den Knochen. Dein Enkelsohn gehört einer ganz anderen Generation an. Ihm steckt der Wohlstand in den Knochen.“ Nun geraten wir in ein sehr interessantes Gespräch darüber, was Alt und Jung in Anschauung und Verhaltensweise heutzutage trennt. Und vor allem, warum. Das Gespräch dauert fast eine Stunde. Sein Inhalt beschäftigt mich darüber hinaus noch lange. Könnte es sein, dass Verständigungsprobleme nicht nur verbaler Art eine Kluft zwischen den Alten und den Jungen entstehen lassen und immer mehr für Unverständnis durch Missverständnisse sorgen? Die Welt von vorgestern hat, das steht für mich fest, nur noch äußerst wenig mit der von heute etwas gemein. Die gegenwärtige Epoche entwickelt sich gerade derart rasant weiter, dass es einem Fossil wie mir davon schier schwindelig wird. Wie könnte ein junger Mensch, der aktiver Teilhaber dieser hastenden Epoche mit seinem sich überschlagenden Fortschritt ist, sich in der biederen Beschaulichkeit seiner Vorfahren noch zurechtfinden? Es gibt meiner Meinung nach auf sehr vielen Gebieten nur noch gemeinsame Nenner zwischen den Generationen. Einer davon könnte Vertrauen, Zuneigung und Verständnis sein. Darauf lässt sich aufbauen, darauf basieren gute Beziehungen generell und die zwischen den Generationen besonders. Wer in alten Menschen nicht belastendes „Friedhofsgemüse“ sieht und – andererseits – in jungen nicht verwöhnte, arrogante Überflieger mit unendlichen Ansprüchen, dem müsste irgendwie ein gutes Miteinander gelingen. Des Öfteren, dies nur am Rande, habe ich beobachtet, wie junge Menschen Alte fürsorglich über die Straße begleiteten und nach dieser Hilfe dann allein davon stürmten, was vermuten lässt, dass es sich nicht um Verwandte handelte. Auch in Arztpraxen und beim Einkauf im Supermarkt habe ich Alt und Jung häufig in Eintracht zusammen gesehen, wobei die Jungen die umsichtigen Begleitpersonen waren. Es scheint also durchaus nicht generell ein Bruch durch die Generationen zu gehen, wie mitunter leichtfertig behauptet wird. Es kommt im Miteinander auf vieles an. Vor allem auf den Ton. Auch auf die Einstellung. Älter zu sein berechtigt, meiner Meinung nach, nicht zur Bevormundung, Besserwisserei und Überheblichkeit.

Träume erfüllen

Menschen haben Träume. Sie können oft über viele Jahre hinweg nicht verwirklicht werden, zum Beispiel, weil es das Berufsleben nicht erlaubt. Mitunter werden sie dann aber wahr, wenn das Rentenalter beginnt. Abenteuerliche Reisen, lange schon erträumt, mögen manchem im Kopf herumspuken. Und dann sind sie plötzlich in greifbare Nähe gerückt. So wie etwa bei Hubert Hirschfeld aus Berlin. Seit er ein junger Mann war und einen Segeltörn über den Atlantik machte, schlummerte eine Sehnsucht in seinem Herzen: einmal die Welt umsegeln. 50 Jahre ließ ihn dieser Wunsch nicht mehr los.

Hirschfeld zählt dann mehr als 70 Jahre, als er das große Abenteuer endlich in Angriff nimmt. 100 abenteuerlustige Weltenbummler bewerben sich auf seine Anzeige hin darum, mit aufzubrechen. Er muss sorgsam auswählen, denn es gibt nur fünf Kabinen auf seinem Schiff. Ein Arzt, das ist von vorneherein klar, muss auf alle Fälle mit an Bord. Nach langer Vorbereitungszeit sticht dann von Mallorca aus die „Chikalu“ in See. 15 Monate lang dauert ihre Fahrt. Sie führt über drei Ozeane und zu 20 Ländern.

Auch die Vollblut-Schauspielerin Katharina Thalbach hat einen Traum für ihr Rentenalter, lese ich. Wie sie Reportern erzählte, könne sie es sich vorstellen, eine „verrückte Alte“ zu werden. Ihre Vorstellung sei ein Rentnerleben nach dem Lustprinzip. Freilich möchte sie auch noch arbeiten, der große Unterschied aber sei, sie müsse dann nicht mehr arbeiten. Es werde ein reines Lust-Arbeiten sein. Nach ihren Angaben ist im Jahr 2019 Traumbeginn für Katharina Thalbach. Dann wolle sie als Gasthörerin auch noch studieren. „Ohne Ehrgeiz. Einfach nur zuhören." Ihr Abitur müsse sich doch irgendwie auszahlen, meint sie. Geschichte sollte es sein. Und weiter? Sie sei für alles offen. Vielleicht auch zu Ausgrabungen reisen? Warum nicht! Die Schauspielerin schließt das nicht aus. Im Übrigen findet sie, dass Rollstuhl und Rollator tolle Erfindungen seien, weil sie es ermöglichen, immer in Bewegung zu sein und zu bleiben.

Otto Schily dürfte allseits in unserem Land bekannt sein, denn er war einmal dessen Innenminister. Jetzt ist er längst im Ruhestand und mittlerweile 85 Jahre alt. Nicht allen jedoch dürfte bekannt sein, dass auch dieser Mann einen großen Traum hatte. Nämlich am Pult stehen und ein Orchester dirigieren. Im Januar 2018 sollte dieser Traum in Erfüllung gehen. Beim Neujahrskonzert in der Stadthalle in Borken (Münsterland) war Otto Schily am Dirigentenpult angekündigt. Er, der Musikliebhaber, der Klavier und Violoncello spielt und in jungen Jahren sogar erwog, Musik zu studieren, sich dann jedoch für die Juristerei entschied, weil er sich für die Musik nicht talentiert genug hielt, wählte Borken für seinen Auftritt, weil dort seine Großmutter geboren wurde. Sie war Malerin. Das Künstlerische liegt dem Gastdirigenten offensichtlich im Blut. Eine Generalprobe für den großen Auftritt in Borken hatte Schily bereits Jahre zuvor absolviert, als er 2005 in der ZDF-Gala „Klassik für alle" den Radetzky-Marsch dirigierte. Am 5. Januar 2018 ging Schilys Traum dann in Erfüllung. Fast 600 Besucher kamen in die Stadthalle zu Borken, um den ehemaligen Minister am Dirigentenpult zu erleben. Unter anderem erklang Mozarts beliebtes Klavierkonzert in A-Dur mit dem ungarischen Geigenvirtuosen Jozsef Lendvay als Solist. Dank Internet kann, wer möchte, in das Neujahrskonzert hineinhören.

Im fernen Bangkok erlebte unlängst eine 72jährige Frau, einen Traum, den sie vermutlich niemals zu träumen gewagt hätte. Supinya Jansuta ist eine arbeitsame Frau. Seit 50 Jahren kocht sie an sechs Tagen in der Woche in ihrer Straßenküche namens „Jay Fai“ von mittags eins bis nachts eins für ihre Gäste. Dies sind zum Beispiel eilige Taxifahrer, Einheimische, Ausländer. Die Köchin braucht, so wird anerkennend berichtet, für kein Gericht länger als drei Minuten. Es muss sehr gut schmecken, was Supinya zubereitet, denn es kommen in ihr 50 Plätze bietendes, zur Straße hin offenes Lokal nicht nur einfache Leute, sondern auch Filmstars und sogar Mitglieder des thailändischen Königshauses zum Essen. Was das mit einem Traum zu tun hat? Der Traum fiel auf die alte Frau buchstäblich wie ein Stern vom Himmel. Für ihre Straßenküche gab es einen Stern im „Guide Michelin“. Damit wurde neben den gepriesenen Gourmet-Tempeln erstmals ein Streetfood-Lokal ausgezeichnet.

Nicht nur Musik hören, sondern auch Musik machen. Diesen Wunsch erfüllen sich immer mehr Senioren. Bundesweit musizieren fast 12 000 Musikschüler über 60 Jahre. Jedes Jahr werden es mehr. In nur zehn Jahren stieg der Anteil der Oldies von 0,1 Prozent der Gesamtschülerzahl auf 1,17 Prozent an. Vor allem das Klavierspiel lockt. Eine Musikpädagogin gab an, sie unterrichte im Klavierspiel Schüler zwischen sechs und 90 Jahren. Dass Klavierspielen geistig fit hält, ist bewiesen und es hat sich inzwischen herumgesprochen, dass Musik – egal ob aktiv oder passiv genutzt – dem geistigen Abbau entgegenwirkt. Abgesehen davon bereichert es durch die Gemeinsamkeit des Tuns, und es verwöhnt die Seele auf besondere Weise.

Weit hinaus, hoch hinauf. Nach beidem streben Junge wie Alte gleichermaßen. Dass es jedoch noch Hochbetagte lockt, ausgerechnet das Dach der Welt zu erklimmen, könnte schon verwundern. Sich solchen extremen Herausforderungen zu stellen, wie es beispielsweise das Besteigen des Mount Everest einem Organismus abverlangt, zumal einem, der sich in einem weit fortgeschrittenen Alter befindet, mag manchen darüber nachdenken lassen, ob solches Unternehmen noch Mut ist oder bereits Übermut.
Als er 70 Jahre zählte, stieg der Japaner Yūichirō Miura auf den mit 8848 Metern höchsten Berg der Welt, fünf Jahre später abermals, und 2013 zum dritten Mal. Da war er bereits 80. Diese Besteigung brachte ihm die Auszeichnung, als ältester Mann der Welt zu gelten, der den Mount Everest bezwungen hatte. Damit stieß er den Inhaber dieses Titels, den Nepalesen Min Bahadur Sherchan, vom Treppchen. Sherchan hatte sich im Jahr 2008 die Auszeichnung mit 76 Jahren erklettert und seitdem gehalten. Nun hatte Nippons Sohn Miura ihn auf den 2. Platz verwiesen. Fast war es zu vermuten, dass der Sieg des alten Japaners den alten Nepalesen nicht lang würde ruhen lassen. So war es denn auch. 2017 machte sich Sherchan, mittlerweile 85-jährig, nochmals auf, um sich den verloren gegangenen Titel zurückzuholen. Doch im Mai des nämlichen Jahres beendete der Tod den Wettstreit. Sheran starb im Basis-

lager am Mount Everest. An Herzversagen, wie mitgeteilt wurde.

Es müssen aber nicht derart große Schritte sein, mit denen das Alter bereichert wird. Auch kleinere dürfen es sein. Auf dem Parkett zum Beispiel. Es ist kaum zu glauben, wie viele Ruheständler das Tanzbein schwingen. Aus purer Freude an den flotten oder eleganten Bewegungen, vor allem aber wegen der Geselligkeit. Nicht alle, die sich regelmäßig in den Tanzsälen einfinden, sind Könner. Es trauen sich auch unverdrossen Ungeübte dorthin, um vielleicht endlich das nachzuholen, was sie bislang versäumten: Tanzen lernen. Dafür ist es selten zu früh und niemals zu spät. Tanzen trainiere nicht nur den Gleichgewichts- und Orientierungssinn. sondern auch das Gedächtnis, sagen Mediziner. Bei einer Langzeit-Studie mit Menschen jenseits der 70 Jahre wurde herausgefunden, dass Tanzen ihnen mehr brachte als Jogging, Schwimmen oder Radfahren. Aus der Ecke der Weißkittel kommt auch dieser schöne Satz, den ich nicht vorenthalten möchte: „Tanzen ist die charmanteste Art für Ältere, leichte Gymnastik zu treiben.“ In einer Langzeitstudie, die über 21 Jahre ging, wurde durch die medizinische Fakultät der Universität Stanford herausgefunden, dass regelmäßiges Tanzen das Risiko, an Demenz zu erkranken, um bis zu 76 Prozent senken kann.
Ein bisschen mehr als „leichte Gymnastik“ ist das, was ein Tanzpaar aus Baden aufs Parkett legt. Er ist 70, seine Frau 64 Jahre. Sie sind das Ehepaar Ehrentraut und mittlerweile bekannt wie die sprichwörtlich bunten Hunde. Warum? Irgendwer hatte die beiden, während sie einen fetzigen Boogie Woogie tanzten, heimlich

gefilmt und das Video dann ins Netz gestellt. Mehr als 70 Millionen hatten es innerhalb kurzer Zeit angeklickt. Was Neugierige zu sehen bekommen, ist fast schon verrückt! Die beiden beherrschen nicht nur die Schrittkombinationen perfekt, sie sind zudem dermaßen temperamentvoll und wendig, dass sie manche Jungen in Grund und Boden tanzen. Seit 40 Jahren schwingen die beiden bereits die Tanzbeine. Die pure Freude, hier schon zur Leidenschaft geworden, ist ganz offensichtlich ihre Antriebsfeder. Dazu verriet Nellia Ehrentraut in einem Interview (Augsburger Allgemeine): „Wenn man gesund ist und noch abrocken kann, ist das toll." Unlängst wurde bei Stern TV das Tanz-Video noch einmal gezeigt. Die Klicks im Internet dürften danach durch die Decke gegangen sein.

Ein Leben ohne Bewegung sei für sie nicht vorstellbar, sagt Eileen Kramer. Sie ist Tänzerin und eine sehr verehrte Frau in Australien. Im März 2017 feierte sie dort ihren Geburtstag. 102 Jahre wurde sie. Die Ausdruckstänzern gilt als die älteste Tänzerin der Welt. Regelmäßig steht sie, mittlerweile auf einem Auge erblindet, noch auf der Bühne und arbeitete an einem neuen Stück, das Ende 2017 aufgeführt werden sollte. Ob es dazu kam, ist mir nicht bekannt geworden.
Auf ihr langes Leben angesprochen, sagte sie, dass sie noch nicht tot sei, liege einfach daran, dass sie sich entschieden habe, es nicht zu sein.
Eigentlich wollte Eileen Kramer, geboren in Australien, Schauspielerin werden, doch mit 24 Jahren entdeckte sie den Tanz und verfiel ihm. Sie wurde Schülerin von Gertrud Bodenwieser, die von 1910 an in Wien einen neuen Tanzstil entwickelte und als Wegbereiterin im

Ausdruckstanz gilt. Nach ihrer Flucht vor den Nazis wurde die Wienerin letztlich in Australien sesshaft. In Sydney eröffnete sie eine Tanzschule sowie ein Tanztheater. Eileen Kramer gehörte ihr als Schülerin bald an und ging mit der Tanzgruppe viele Jahre lang auf Tournee. Sie war in u.a. in Europa, Indien, Pakistan und Afrika. Später zog es sie nach Amerika, wo sie jahrzehntelang arbeitete und lebte. Es war das Heimweh, das sie im Alter von 99 Jahren nach Australien zurückkehren ließ. Mit 100 Jahren trat sie im Belvoir St Theatre in Sydney in einer Produktion des „Zauberers von Oz“ auf. Außer dem Tanz widmet sich Australiens Grande Dame – sie wurde als eine der 100 einflussreichsten Frauen des Landes ausgezeichnet – noch vielen kreativen Beschäftigungen. Sie ist Choreografin, Malerin, Autorin und entwirft Kostüme. In einem ihrer zahlreichen Interviews sagte sie unter anderem: „Ich glaube, dass die Fähigkeit, immer weiter zu lernen und etwas Neues zu lernen, niemals unterschätzt werden sollte, egal, welche Fähigkeit man hat“, oder: „Wenn man kreative Arbeit macht, ist man absolut zeitlos. In der Kreativität gibt es kein Alter.“ Das Wort „alt“ mag Eileen überhaupt nicht. Sie umschreibt es charmant so: „Sie sei eben schon seit Langem auf der Erde.“

Neues lernen

„Jeder, der aufhört zu lernen, ist alt, mag er zwanzig oder achtzig Jahre zählen. Jeder, der weiter lernt, ist jung, mag er zwanzig oder achtzig Jahre zählen." Das soll ein Ausspruch von Henry Ford, dem amerikanischen Gründer der Ford Motor Company, gewesen sein. Diesem Leitsatz folgen zwei alte Damen, die in einem Mainzer Seniorenheim leben. Beide waren sie in ihrem Berufsleben Lehrerinnen. Die eine für das Klavierspiel, die andere unterrichtete an einem Gymnasium. Einmal in der Woche steht für die beiden alten Damen nun lernen auf dem Plan. Luzia Rhein. 94 Jahre alt, bringt ihrer Mitbewohnerin Lieselotte Neisecke, die mit ihren 101 Jahren noch etwas älter ist, die Tastentöne bei, das andere Mal paukt Lieselotte als Gegenleistung mit Luzia Französisch. Für die Über-Hundertjährige sind das Peanuts. Sie spricht außer Französisch noch vier weitere Fremdsprachen. Dieses außergewöhnliche, von den betagten Frauen selbst ins Leben gerufene Projekt vom gegenseitigen Lernen war allemal einen kurzen TV-Film wert. Im Netz ist er zu betrachten.

Am späten Vormittag traf ich Kurt am Postkasten. Er wohnt bei uns im Haus. Lange hatte ich ihn nicht gesehen. Mir fiel sofort auf, dass er sehr abgenommen hatte. Es schien ihm nicht gut zu gehen. Sein Gesicht war eingefallen, und ein bitterer Zug lag um seinen Mund. *Wie er sich verändert hat!*, dachte ich erschrocken. Noch vor einigen Monaten war er die Frohnatur im Haus gewesen, hatte immer einen scherzhaften Spruch auf den Lippen. Sobald er auftauchte, klang schnell vielstimmiges Gelächter auf. Und jetzt! Kurt ist etwas mehr als 70 Jahre alt. Seine Ehefrau war einige Jahre jünger. Vor Kurzem ist sie gestorben. Ohne Vorwarnung. Einfach so. Kurt war unterwegs. Als er nach Hause kam, hatte ihn Elvira verlassen. Die beiden waren fast 50 Jahre lang verheiratet und nur selten voneinander getrennt gewesen. Ich sprach mit Kurt über dies und jenes. Er war einsilbig. Wie er zurechtkomme, jetzt, fragte ich behutsam. „Geht so", sagte er. Wir kamen auf das Altsein zu sprechen „Tja", meinte er philosophisch: „Die letzte Phase des Lebens ist mit Verlusten gepflastert. Du verlierst deine Sehkraft, dein Hörvermögen, deine Haare, deine Zähne, wenn du Pech hast, deine Erinnerung und schließlich dein Leben!" Da wurde mir klar, dass Kurt offensichtlich etwas Besonderes verloren hatte: seinen Humor. Diese Erkenntnis schmerzte mich.

Wie verbringen Ruheständler ihre Tage? Sie lesen und gucken fern. Beides viel. In diesen Beschäftigungen nämlich, so lese ich, sind sie Spitzenreiter. Daneben aber widmen sie sich natürlich noch vielen anderen Aktivitäten. Zum Beispiel lernen sie gern. Die Generation 65+ belegt bei den Kursen der Volkshochschulen einen Spitzenplatz. Trend: steigend. In den Themenbereichen liegt die Gesundheit vorne, gefolgt von Sprachen und Kultur sowie Gestalten. Und es drängt die älteren Semester als Gasthörer zunehmend in die Hörsäle der Universitäten. Im Vergleich zum Wintersemester 2004/2005 stieg ihr Anteil in zehn Jahren von 31 Prozent auf 42 Prozent, wobei mehr Männer als Frauen nach Hochschulwissen strebten. Das beliebteste Studienfach war Geschichte, gefolgt von Philosophie.

Weil es fit hält und Freude bereitet, sind viele Senioren sportlich aktiv. In einer Befragung von 4000 Teilnehmern im Alter zwischen 65 und 85 Jahren (Generali 2013) gaben 37 Prozent an, dass sie mindestens ein Mal pro Woche Sport treiben, 21 Prozent tun das mehrmals, 44 Prozent gelegentlich. Von den 75- bis 79-jährigen widmet sich immerhin noch jeder Dritte regelmäßig dem Sport, in der Altersgruppe 80 bis 85 jeder Fünfte. Immer öfter sind die Älteren und Alten auch in Fitnessstudios anzutreffen. Einer von ihnen erklärt, er wolle sich dort in Schwung bringen und halten, seine Muskeln und Gelenke trainieren. Dass das im Alltag nützlich ist, weiß jeder. Schon allein wegen der verbesserten Beweglichkeit und allgemeinen körperlichen Kondition. Fazit: Schach der Sturzgefahr! Ein Mediziner: „Nie war die ältere Generation so fit wie heute."

Auch an die Rechner drängt es die ältere Generation lange schon. Nicht von ungefähr entstand der Begriff „Silversurfer". Bereits 2014 benutze hierzulande mehr als jeder Zweite der Senioren einen PC, fast die Hälfte war im Internet unterwegs. Voran die Männer. Inzwischen haben die Oldies längst entdeckt, dass man im Netz nicht nur so gut wie alle Wissensfragen beantwortet bekommt, sich umfangreich über Produkte informieren und sie auch dort erwerben kann, sondern darüber hinaus ein schier unendliches Feld für jedwede Art der kreativen und informativen Beschäftigung findet. Wer sich im Netz auskennt, dem liegt die ganze Welt zu Füßen, ganz gleich wie alt einer ist – vor allem zu jeder Tageszeit und äußerst kommod innerhalb der eigenen vier Wände.

Ohne das Heer ehrenamtlicher Helfer sähe es in unserem Land schlimm aus! Viele Ruheständler stellen ihr Wissen, ihre Erfahrung und ihre Kraft in den Dienst der Gemeinschaft. Darunter sind viele pensionierte Ärztinnen und Ärzte, die kostenlos unsere Mitmenschen behandeln, die über keine Krankenversicherung verfügen. Ungefähr eineinhalb Millionen Bürger sollen hierzulande ohne diese Absicherung sein. Die Dunkelziffer ist hoch. Als Dr. Uwe Denker, Allgemeinmediziner in Bad Segeberg, im Jahr 2008 mit 68 Jahren in den Ruhestand ging, wollte er nicht nur Ruhe haben. Es kam ihm eine Idee: Nach dem Muster der „Deutschen Tafel" wollte er Medikamente sammeln und verteilen. Ihm war bekannt, dass auch in der Region, in der er lebte, Medikamente zuhauf im Müll landeten, zum Teil noch original verpackt und mit nicht abgelaufenem Verfallsdatum. Wegen gesetzlicher Vorgaben konnte dann aber aus diesem Vorhaben nichts werden. Dafür jedoch gelang sein Projekt „Praxis ohne Grenzen", das er 2010 realisierte. Mittlerweile gibt es dieses Modell bereits viele Male in Deutschland. Die Einrichtung bietet Menschen, die wegen fehlender Krankenversicherung keine „normale" Arztpraxis in Anspruch nehmen können, die Möglichkeit, sich zum Nulltarif ärztlich versorgen zu lassen. Sie erhalten Medikamente und sogar Operationen. Hieraus entstehende Kosten können durch Spendengelder gedeckt werden. Darüber hinaus wurde es möglich, auch Neustarter, die in einer anderen Gegend ähnliche kostenlose Behandlungen anbieten wollen, finanziell zu unterstützen. Dr. Denker ist weiterhin unermüdlich aktiv, geht inzwischen hart auf die 80 Jahre zu. Anlaufstellen für unversicherte Kranke gibt es inzwischen viele weitere, bundesweit. Sie tragen unterschiedliche Namen, dienen aber alle demselben Zweck: Menschen in Not im Krankheitsfall zu helfen. Aus oftmals bescheidenen Anfängen in Gemeinderäumen, Cafés, in umgerüsteten Caravans oder anderen mobilen Praxen konnten mittlerweile medizinisch gut ausgerüstete Behandlungsstätten werden, in denen unbürokratisch medizinische Versorgung gewährleistet wird. Besonders beeindruckt hat mich, was Uwe Denker in einem Interview (Fokus-Online, Anika Baldzun) gesagt hat, dass im Gegensatz zu früher, da er als niedergelassener Arzt alle 7,5 Minuten einen Patienten begrüßte, er sich heute auch einmal ein oder zwei Stunden Zeit für ein Hilfe suchendes Gegenüber nehmen könne, was zum Beispiel erforderlich sei, wenn ein Patient nach 20 Jahren wieder zum Arzt komme.

Ich habe versucht, herauszufinden, wie viele Mediziner im Ruhestand sich inzwischen solcher ehrenvollen, ehrenamtlichen Arbeit widmen. Ich habe leider keine schlüssigen und verbindlichen Zahlen gefunden. Aber es gibt mit Sicherheit eine Menge dieser „Engel in Weiß“. Einer von diesen Ruheständlern im freiwilligen medizinischen Dienst sagte lapidar, er mache weiter, solange es ginge. Und ein anderer: „Ich habe zwar meine Praxis aufgegeben, aber ich bin immer noch Arzt.“
Eine Seelenverwandte ist Margarete Zeller aus Bad Herrenalb. Sie ist weit über 90 Jahre alt und ständig aktiv. Nicht nur als Ärztin, sondern auch in in der Gemeinde. Es ist mehr als 50 Jahre her, dass Margarete Zeller ihre erste Praxis eröffnete. Bis auf den heutigen Tag praktiziert sie. In einem Interview erzählte sie, dass sie Tag und Nacht erreichbar sei, was so viel

bedeutet wie: immer. Sie habe stets mehrere Telefone im Haus um sich und immer eines bei sich, wenn sie das Haus verlasse. Um sich fachlich auf dem neusten Stand zu halten und fortzubilden, liest die Medizinerin aus Leidenschaft regelmäßig Fachliteratur. „Ich wollte schon immer Ärztin werden“, erwähnt sie und nennt als Tipp für Gesundheit: vielseitig interessiert und immer aktiv sein. Sie lebt das jeden Tag vor.

Wer kennt dieses Sprichwort nicht? „Was Hänschen nicht lernt, lernt Hans nimmermehr.“ Es galt lange Zeit und war in aller Munde. Es stimmt jedoch nicht, zumindest heute nicht mehr. Aufgrund neuerer Forschungsergebnisse müsste es dahingehend geändert werden: Was Hänschen nicht lernt, kann Hans immer noch lernen. Möglicherweise etwas langsamer als in jungen Jahren, da die Merkfähigkeit in der Regel nachlässt, aber generell kann Hans noch lernen, eigentlich alles, was er möchte.
Bereits ein hoch in die Jahre gekommener Philosoph der Antike sagte einmal, er werde zwar jeden Tag älter, aber er lerne noch jeden Tag dazu. Wie weitsichtig war der Mann damals schon! Wer möchte, kann bis an das Ende seiner Tage lernen. Sein Gehirn freut sich darüber. Wie ein Muskel könne es ein Leben lang trainiert werden, meint ein Entwicklungspsychologe. Es ist also keine Hexerei, immerzu und immer weiter zu lernen. Sich etwas einzuprägen, wenn es uns interessiert, fällt leicht. Wer wüsste das nicht noch aus seiner Schulzeit? Es ist das Interesse, die Neugierde, die Menschen antreibt, immer wieder Neuland zu betreten. Auch im Alter ist das so. Zu jedem Zeitpunkt seines Lebens kann Neues erlernt werden. Dabei werden bestehende

Verbindungen im Gehirn ausgebaut und neu verknüpft. Es ist sogar möglich, dass neue Nervenzellen entstehen. Emotionen spielen bei Lernprozessen eine wichtige, förderliche Rolle, wurde herausgefunden. Stress hingegen wirkt sich negativ, ja wie ein Hemmschuh, aus. Was unser Gehirn antreibt und geradezu beflügelt, ist eine ausgeglichene Gemütsverfassung, und unser Gehirn liebt Musik, besonders beim Lernen. Dass Musik geistig anregt, ist lange schon kein Geheimnis mehr. Es gibt zahlreiche Zeitgenossen, die darauf schwören, mithilfe der richtig ausgewählten Musik besser lernen zu können, weil ihnen Musik hilft, sich zu konzentrieren, etwas zu verinnerlichen. Studien wurden dazu angestellt. Fazit: Das Gehirn mag besonders gern Mozart-Klänge. Musik mache sie aufnahmefähiger und ausgeglichener, behaupten viele unserer Mitmenschen und einige sagen sogar, Musik könnte sie beglücken. Auch auf Bewegung beim Lernen, etwa Auf- und Abgehen im Raum als Unterstützung, schwören viele. Unser Gehirn ist wissbegierig und immerzu an Neuem interessiert. Es ist sogar dankbar dafür, wenn alltägliche Verrichtungen hin und wieder anders ablaufen als sonst. Wenn beispielsweise einmal die linke Hand die Zahnbürste führt und nicht wie üblich die rechte, wenn alltägliche Wege variiert werden und dadurch andere Eindrücke erfolgen. An mir selbst habe ich bemerkt, dass ich jetzt, im Alter, ganz anders lerne als in jungen Jahren. Ich brauche zwar länger, um mir etwas zu einzuprägen, kann dabei meist schnell und systematisch auf bereits Erlerntes zurückgreifen und abgleichen. Es ist wie ein vertiefendes Lernen, das mir weitaus mehr Ebenen erschließt als früher. Was mir nicht gerade leicht in den Kopf geht und auch dort bleibt, notiere ich stichpunktartig und wiederhole es, so ähnlich wie beim Lernen von Vokabeln. Mir nützt das.

Meine Mutter war lange aus dem Alter des leichten Lernens heraus, da bewegte sie mich zu einem Besuch einer Ausstellung in der Rheingoldhalle in Mainz. Sie war in dieser Ausstellung zuvor bereits zweimal alleine gewesen. Jahrzehnte ist das her. „Du musst dir das ansehen, was in naher Zukunft in der Welt passieren wird." Ich meine die Ausstellung hieß: Die vernetzte Welt. Es ging um das gerade entstehende Internet, das schon bald die Länder der Erde, die Wirtschaft, die Menschen als neue Technik blitzschnell und absolut global verbinden sollte. Während meine Mutter damals intuitiv erkannte, welcher immenser Fortschritt und Umbruch bevorstand, nein, bereits im Gange war, beeindruckte mich, die junge Frau, die es eigentlich hautnah anging, diese Entwicklung nicht sonderlich. Schneller, als es sich jemand zu diesem Zeitpunkt hätte träumen lassen, war das Internet dann präsent. Heute denke ich oft darüber nach, wie eine Frau im damaligen Alter meiner Mutter die Bedeutung und das Ausmaß einer solchen technischen Revolution hatte erkennen können.

Vieles wird anders werden

Heute stehen wir erneut vor großen Veränderungen. Sie werfen lange schon ihre Schatten voraus. Meiner laienhaften Meinung nach dürften sie gewaltig und von gegenwärtig noch nicht vorstellbaren und absehbaren Auswirkungen sein. Wie werden sich Menschen jedes Alters in der neuen Welt zurechtfinden? Bereits jetzt benötigen manche schon mindestens nachbarschaftliche Hilfe, wenn nicht gar die eines Fachmanns, um mit neuen Geräten, mit neuer Technik, zurande zu kommen, wobei ich vermute, dass es nicht die Alten alleine sind, die sich mit dem rasanten Fortschritt schwertun. Wie wird es sein, wenn alles, jedes und alle miteinander vernetzt sein werden, wenn vorausgesetzt wird, dass ein jeder den zeitgemäßen Alltag verstehen und sich darin ohne Schwierigkeit zurechtfinden und bewegen kann? Bislang ist generell nicht festzustellen, dass sich alle gleichermaßen mit dem gravierenden Wandel vertraut zu machen und darauf vorzubereiten beginnen. Gespalten sind die Meinungen in der Bevölkerung darüber, ob die neue Welt Segen oder Fluch bringen wird.

Im Erdgeschoss betrat eine junge Mutter mit ihrem kleinen Sohn den Fahrstuhl. Er käme gerade aus dem Kindergarten, erzählte der Junge mir sofort mit einem treuherzigen Augenaufschlag. Dann musterte er mich lange und fragte: „Bist du alt?“ Ich sah seiner Mutter an, wie peinlich ihr die Frage ihres Kindes war. Ich hingegen fand sie überhaupt nicht peinlich. „Ja“, antworte ich ihm, denn jung bin ich nun schon lange nicht mehr. Und das Gegenteil von jung ist nun einmal alt.

Mit meiner Antwort war der Knirps offensichtlich zufrieden und plapperte nun auf mich ein. Bis zur Etage 6, wo er mit seiner Mutter ausstieg. Ja klar, du bist alt, ging es durch den Kopf. Doch viele, die in meinem Alter sind, wollen mit diesem Wort absolut nichts zu tun haben. Sie nennen sich lieber Senioren, wie die Werbung alle in unserem Land ab etwa 50 Jahren ziemlich kollektiv bezeichnet, diese große Konsumentengruppe, mit der ordentlich Geld zu verdienen ist. Wo ist die Alte, wo der Alte geblieben, wie sie noch ganz selbstverständlich die Märchen der Gebrüder Grimm bevölkerten. Ausgestorben? Ist das Wort „alt“ inzwischen wirklich derart negativ besetzt, wie behauptet wird, sodass es niemand hören und in den Mund nehmen will? Ja, es scheint tatsächlich nur noch abwertend zu sein, denn jeder will alles andere sein, nur nicht alt. Entstanden sind daher viele Bezeichnungen, die Menschen in der dritten und vierten Lebensphase bezeichnen. Die Rede ist von Bestagern, von Silveragern, Generation 50+, Generation 60+, von aktiven und neuen Alten und immer wieder von Senioren, alles Synonyme für jene immens große Gruppe in einem heutzutage offensichtlich irgendwie diffusen Alter, ab ungefähr 50 Jahren, auf jeden Fall weitab der Jugend befindlich. Um etwas Klarheit in das weite Feld der Seniorenzeit zu bringen, hier eine Definition der Lebensalter, wie ich sie bei der Weltgesundheitsorganisation gefunden habe:

61-75 Jahre ältere Menschen
75-90 Jahre alte Menschen und Hochbetagte
91+ sehr alte Menschen oder Höchstbetagte

Das Wort Greis habe ich lange gesucht und es eigentlich nur in der Überschrift der bereits erwähnten Kurzgeschichte „Die unwürdige Greisin“ von Berthold Brecht gefunden. Die Greisin dort zählt, so verrät eine Textstelle, 72 Jahre. Geschrieben hat Brecht die Geschichte 1938. Das ist noch nicht sehr lang her! Wie würden sich heutzutage die mehr als 70jährigen bedanken, wollte sie jemand Greise nennen! Greis leitet sich, habe ich finden können, von dem mittelhochdeutschen Wort grise ab und das steht auch für grau. Alte Menschen bekommen graue Haar, wer wollte es bestreiten? Auf dem Kopf grau zu sein, darin kann ich nichts Abwertendes oder Verwerfliches finden. Selbst wenn graues Haar gefärbt wird, um es jugendlicher erscheinen zu lassen, es bleibt doch grau darunter und ist eben ein Zeichen des Alterns. Ab 80 Jahren, lese ich dann, beginne die vierte Lebensphase. Wie wird die Werbung wohl diese Zeitgenossen einmal nennen, wenn sie als finanzkräftige Gruppe immer weiter erstarkt? Lastager? Gefährlich, denn es formiert sich längst der Tross der Hundertjährigen und der Hundertjährigen+. Wie schon erwähnt. Mindestens 17.000 Hundertjährige leben derzeit bereits unter uns. Wohnten sie alle an einem Ort zusammen, wäre das eine Kleinstadt. Seit die Hundert-Grenze immer öfter geknackt wird, geht es weiter zügig voran. Schon jetzt ist absehbar, dass Menschen in Zukunft erheblich länger leben könnten als hundert Jahre lang und dass es immer mehr davon geben dürfte. Einige von ihnen werden vielleicht 120 Jahre alt werden und womöglich noch etwas mehr. Aktuelle Berichte aus Israel nennen nun ja sogar 140 Jahre. Nicht nur eine stetige Verbesserung der menschlichen Gattung sowie eine Verlängerung der Lebensdauer strebt, dies nur am Rande, der Transhumanismus an. In Zukunft, so die Vision, sollen Alter und Tod gar überwunden sein.

Warum werden in unserem Land Menschen immer älter? Allem voran haben wir eins: Glück. Glück, Bürger eines hochentwickelten Landes im Wohlstand zu sein, in dem es weder an Nahrung noch an gesundheitlicher Fürsorge fehlt. Dieses Glück besitzen wir hierzulande allesamt. Wir haben ferner Glück, seit Jahrzehnten in keine kriegerischen Auseinandersetzungen mehr verwickelt worden zu sein. Unsere Kinder können in Frieden und Freiheit heranwachsen, alle Bürger in Frieden und Freiheit leben. Für die meisten von uns ist das inzwischen derart selbstverständlich, dass nicht einmal mehr ein Gedanke daran verschwendet wird. Es ist jedoch keineswegs selbstverständlich, und es gibt keinen Preis und keine Währung, mit dem ein solcher Vorzug zu bezahlen wäre. Und es gibt absolut keine Garantie dafür, dass alles so bleibt, wie es ist.

Die hohe Lebenserwartung haben wir vor allem dem ständigen Fortschritt auf dem Gebiet der Medizin zu verdanken. Doch jeder kann selbst viel zu einem langen Leben beitragen. Dazu zählt beispielsweise eine bewusste und ausgewogene Ernährung, die für uns problemlos möglich ist, ebenso eine gesunde Lebensweise sowie eine positive Lebenseinstellung. Wir sollten uns immer wieder verdeutlichen, dass wir auf der Sonnenseite der Welt leben dürfen. In vielen anderen Ländern geht es hingegen Menschen in jeder Hinsicht in einem vergleichsweise kurzen Leben schlecht. Millionen müssen dahinvegetieren und Hungers sterben, während wir reichlich bedenkenlos im Überfluss leben. Es ist noch gar nicht so lange her, da betrug hierzulande die Lebenserwartung eines neugeborenen Jungen 46 Jahre, die eines Mädchens 50 Jahre. Das war am Ende des 19. Jahrhunderts, und damals wurde die Hälfte der neugeborenen Kinder nicht einmal fünf Jahre alt. Schauen wir noch weiter zurück, so gelangen wir zu den Steinzeitmenschen. Damals erreichten die Männer ein Lebensalter von etwa 36 Jahren, die Frauen von 30 Jahren. Nur wenige der Neugeborenen überlebten. Welch ein ungeheurer Anstieg der Lebenserwartung in gar nicht so langer Zeit!

Wir wundern uns nicht mehr darüber, dass wir zu jeder Jahreszeit frisches Obst und Gemüse kaufen können. Das ist normal für uns, das erwarten wir. Kein Wunder daher, dass sich der Obst- und Gemüseverbrauch seit 1935 fast verdoppelt hat. Es gibt bei uns immer weniger Raucher. 1978 qualmten noch 43 Prozent der Männer, 2013 waren es nur noch weniger als 30 Prozent. Rauchen schadet auf schlimmste Weise der Gesundheit. Wir alle wissen inzwischen Bescheid über die Zusammenhänge von Lebensstil und möglichen Erkrankungen, die das Leben verkürzen können. Wir dürfen lernen, so viel wir wollen und so lange wir wollen. Wir sind gewohnt, den Hahn aufzudrehen und sofort und zu jeder Tageszeit so viel sauberes Trinkwasser, wie wir benötigen oder wünschen, zu entnehmen. Wir sind gewohnt, im Krankheitsfall rasch medizinische Behandlung und Medikamente zu bekommen. Wir sind gewohnt zu meinen, was uns beliebt und zu sagen, was wir meinen. Wir sind gewohnt zu leben, wie uns beliebt. Und das immer länger.

Ich weiß nicht warum mir jetzt gerade das Märchen vom Schlaraffenland in den Sinn kommt?
Doch es fallen hässliche Schatten auf unser schönes Sonnenland. Sie werden immer größer. Sie werden immer hässlicher. Wie kann es Armut in einem der reichsten Länder der Welt geben? Da passt doch etwas nicht zusammen! Ruheständler gibt es – es sind nicht wenige und es werden immer mehr –, die schlecht bezahlte Jobs annehmen müssen, um finanziell irgendwie über die Runden zu kommen. Das ist kein böses Märchen. Das ist Fakt und dürfte nicht sein.
Ich kenne eine 76jährige Frau, die nicht im Zustand bester Gesundheit ist. Sie trägt jeden Tag bei Wind und Wetter Zeitungen aus. Sie tut das nicht, um sich zu bewegen und ihren Körper fit zu halten. Sie tut es, weil sie mit ihrer erbärmlich geringen Rente allein nicht überleben könnte und weil sie zu stolz ist, staatliche Hilfe in Anspruch zu nehmen.
In einem solchen Leben alt zu sein, womöglich lange alt zu sein, wer könnte es sich vorstellen, wenn er jung ist? Wer möchte erleben, arm zu sein, wenn er am Ende seines Lebens steht? Es wäre vieles und schnell zu ändern in unserem als hoch zivilisiert bezeichneten Land, in einem Land des Wohlstands und Wohllebens.

Was trennt – Was verbindet

In naher Zukunft wird die Alterspyramide sich umgekehrt darstellen. 2050 wird die Hälfte der Bundesdeutschen älter sein als 48 Jahre. Wird dies die Lebenswelten der Älteren und die der Jungen auseinanderdriften lassen oder wird es sie näher bringen? Was eigentlich trennt die Generationen? Nach einer Studie aus 2013 sind 73 Prozent der Bundesbürger der Meinung, dass sich die Lebenswelten der jungen und mittleren Altersgruppen deutlich unterscheiden. Jeder zweite gab an, dass er die Sprache der Jugend nicht verstehe. Dort, wo es sich um Familien handelt, die täglich in die Lebensweise der Jüngeren eingebunden sind, sieht es anders aus. Dort wird die Jugendsprache verstanden, ebenso der Musikgeschmack der Jungen, auch die Begeisterung für neue Techniken und deren Nutzung sowie die grassierende Kaufsucht. Die stereotype Meinung, dass alle Alte bevormunden, überkommene Ansichten haben und nicht mehr flexibel sind oder sein wollen, scheinen mir längst überholt zu sein, ebenso wie es irrig ist, dass sich junge Menschen nicht für Politik und Weltprobleme interessierten. Es gibt nicht typisch alt und typisch jung. Manche Alte sind heutzutage in vielerlei Hinsicht sogar jünger als wesentlich jüngere Menschen.

Die meisten Jungen agieren, denken und fühlen, leidenschaftslos betrachtet, im Grunde nicht viel anders, als es die Alten taten, als sie noch jung waren. Seit Generationen ist das so. Immer war es wichtig, und es ist auch mehr denn je unerlässlich, Kontakte und Austausch zwischen den Menschen aller Altersklassen und aller Nationen zu unterhalten und zu pflegen, um dadurch gemeinsam für die mannigfachen Anforderungen, wie sie die globale Zukunft an uns alle stellen wird, gerüstet zu sein. Laut der Studie profitieren 65 Prozent der Erwachsenen von den technischen Kenntnissen ihrer Kinder. Wie viel Prozent der Jungen aus dem Wissen und der Erfahrung der Älteren und Alten Nutzen ziehen, darüber habe ich keine Zahlen gefunden. Was das Umweltbewusstsein anbelangt, ist es nach meiner Feststellung so, dass alle Menschen, ob jung oder alt, sich einig sind in ihrer Ansicht darüber sowie in ihren Bestrebungen, Verbesserungen anzustreben und zu realisieren, wobei die Jungen die Antreibenden, die Macher sein sollten, die Senioren die Denker. Miteinander ins Gespräch kommen und im Gespräch bleiben, das schafft Verständnis, das bringt Empathie, immer und überall, selbstredend auch zwischen den Generationen und Nationen. Das Bemühen umeinander und miteinander zahlt sich aus und eröffnet neue Sicht-, Denk- und Verhaltensweisen auf allen Seiten. Solidarität zwischen den Generationen baut Probleme ab oder verhindert sie sogar. Und es macht ein Volk stark. Die Erde, auf der wir leben, ist unser aller Erde. Wir sitzen gemeinsam in einem Boot, ganz gleich, wie alt wir sind. Es ist mehr, was uns Menschen verbindet als das, was uns trennt.

Was möchte ich am Ende meines Textes noch sagen? Wir, die wir schon seit Langem auf der Erde sind, können stolz auf die Jungen unter uns sein. Sie sind gesund, schön und selbstbewusst. Wir dürfen ganz ohne Frage auch stolz darauf sein, dass es uns Alten gelungen ist, ihnen ein Heimatland bereitet zu haben, in dem sie in Freiheit aufwachsen und leben können.

Kluge Worte über das Alter

Nicht das Alter ist das Problem, sondern unsere Einstellung dazu.

Marcus Tullius Cicero
römischer Staatsmann, Schriftsteller und Philosophie
106-43 vor Christus

Die Leute, die nicht zu altern verstehen, sind die gleichen, die nicht verstanden haben, jung zu sein.

Marc Chagall
aus Weißrussland stammender Maler
1887-1985

Was du Liebes den Eltern gegeben hast, das kannst du im Alter von deinen Kindern erwarten.

Thales von Milet
Philosoph, Mathematiker Astronom
aus Kleinasien
624/23-548/44 vor Christus

Es gibt nichts Schöneres in der Welt, als einen gesunden, weisen alten Mann.

Laotse
chinesischer Philosophie
6. Jahrhundert vor Christus

Glücklich, wer im Alter zu einer wahren Anschauung von Dingen gelangt.

George Bernhard Shaw
aus Dublin/Irland stammender
Dramatiker/Politiker
1856-1950

Jeder, der sich die Fähigkeit erhält, Schönes zu erkennen, wird nie alt.

Franz Kafka
aus Prag stammender
Schriftsteller
1883-1924

Viele möchten leben, ohne zu altern, und sie altern in Wirklichkeit, ohne zu leben.

Alexander Mitcherlich
aus München stammender
Arzt, Psychoanalytiker
1908-1982

Warum bekommt der Mensch die Jugend in einem Alter, in dem er nichts davon hat.

George Bernhard Shaw
aus Dublin/Irland stammender
Dramatiker/Politiker
1856-1950

Älter werden heißt, besser werden.

Jack Nicholson
aus Manhattan/New York stammender
Schauspielerei
1937

Die Welt vergöttert die Jugend, aber regieren lässt sie sich von den Alten.

Henry de Motherland
aus Paris stammender
Schriftsteller, Dramatiker
1895-1972

Welche Freude, wenn es heißt: Alter, du bist alt an Jahren, blühend aber ist dein Geist.

Gotthold Ephraim Lessing
aus Kamdenz/Oberlausitz stammender
Schriftsteller, Dramatiker
1729-1781

Ich bin stolz auf meine Falten. Sie sind das Leben in meinem Gesicht.

Brigitte Bardot
aus Paris stammende
Schauspielerin, Tierschützerin
1934

Die ersten vierzig Jahre unseres Lebens liefern den Text, die folgenden dreißig den Kommentar dazu.

Arthur Schopenhauer
aus Danzig stammender
Philosoph, Autor, Hochschullehrer
1788-1860

Alte Leute sind gefährlich. Sie haben keine Angst vor der Zukunft.

George Bernhard Shaw
aus Dublin/Irland stammender
Dramatiker/Politiker
1856-1950

Wer lange lebt, hat viel erfahren,
nichts Neues kann auf dieser Welt für ihn geschehn.

Johann Wolfgang von Goethe

Niemand hört es gern,
dass man ihn Greis nennt.

Johann Wolfgang von Goethe
aus Frankfurt/Main stammender
Dichter, Naturforscher
1749-1832

Das Leben ist eine kurze Verbannung.

Platon
griechischer Philosophie
428/429-348/47 vor Christus

Geboren werden heißt, zu sterben anfangen.

Laotse
chinesischer Philosophie
6. Jahrhundert vor Christus

Und zum Schluss noch ein Schmunzler

Es gehört zu den vielen Merkwürdigkeiten des Lebens, dass ein Mensch umso bissiger wird, je weniger Zähne er hat

Stefan Heym
aus Chemnitz stammender
Schriftsteller, Politiker
1913-2001

Weitere Bücher der Autorin:

Jutta Gornik: Als ich Volontärin war
ISBN 9783938969540
Jutta Gornik: Schön war’s – Eine Kindheit nach dem Krieg
ISBN 9783938969311